津軽五所川原駅の全景。軽快気動車津軽21形が入線する前で、在来型の気動車やオハ31など、現在では見られない車両が多数留置されている。ホーム上家は1985(昭和60)年の設置であるため、まだこの時点では存在していない。　1981.1　P：鈴木　洋

巻頭カラーグラフ

四季の自然と人情溢れる津軽路を行く

車両交代の過渡期に見られた、軽快気動車の津軽21形(21-102)と在来車(キハ22形)の混結編成。　1999.10　P：宮下洋一

「ストーブ列車」使用時のオハフ33形室内。　1999.1.16　P：宮下洋一

DD350形がオハフ33形とオハ46形を牽いて走るストーブ列車。　2001.1.17　P：宮下洋一

DD350形352号機が牽引する混合列車。　1969.12　P所蔵：網谷忠雄

津軽五所川原駅に到着した混合列車。　1969.12　P所蔵：網谷忠雄

国鉄キハ22形を譲り受けたキハ22027＋キハ22029の２両編成。
2000.10.29
P：宮下洋一

雪の積もる金木駅に並んだ気動車（キハ24023ほか）。
1983.1.21
P提供：津軽鉄道
撮影：坂田輝孝（元 金木駅長）

津軽鉄道開業70周年記念イベント「津鉄きしゃっこカーニバル」で運転された復刻貨物列車。DD350形が重連またはプッシュプルで社有貨車３両を牽引した。
2000.10.28　五農校前―十川
P：宮下洋一

津軽地方の雪が溶け花咲く季節がやってきた。キハ2400形の単行運転。
1970.4頃
P提供：津軽鉄道
撮影：坂田輝孝

道端に佇む百万遍石塔とお地蔵さんの奥をキハ22形の単行が行く。
1970.8末
P提供：津軽鉄道
撮影：坂田輝孝

金木駅旧駅舎の待合室にあった売店。
2001.1.17
P：宮下洋一

カーブしたホームの川倉駅と「白鳥」のヘッドマークを掲げ走るキハ22形(22027)。
2000.3.14
P：宮下洋一

ストーブ列車DD350形機関車とオハフ33形客車の連結部。
1999.1.16
P：宮下洋一

津軽の雪は上から降るだけではなく、横からも降ってくる。酷寒の津軽飯詰駅。
2001.1.17　P：宮下洋一

1950(昭和25)年新潟鐵工所製のキハ2400形2403。当時は緑系の塗色であった。

1965.9.13
津軽五所川原
P：荻原二郎

金木駅で津軽21形と交換する、DD352牽引の上りストーブ列車。

2002.2.4　P：宮下洋一

テレビ番組の企画で、タレントの香取慎吾さんが子供たちと一緒にペイントしたキハ22028。　2005.4　嘉瀬　P：鈴木　洋

1988(昭和63)年、当時の金木町のいわゆる町おこし運動の一環で、「サンタ列車」として赤色に塗られたオハ46 2。1989(平成元)年３月まで運行され、現在は津軽色に戻っている。

1988.11.15　津軽五所川原駅　P：鈴木　洋

オハ31形の室内に設置された石炭ストーブ。
1982.3.4　P：宮下洋一

はじめに

本州最果ての地である青森県津軽半島は、自然と四季の美しい津軽文化の本場で、近年訪れる観光客やレイル・ファンが増加している。その津軽半島の中央部を南北に走るのが、「ストーブ列車」で有名な津軽鉄道で、JR五能線五所川原駅に隣接した津軽五所川原駅（五所川原市）から津軽中里（中泊町）までの20.7kmを結んでいる。沿線には太宰 治の故郷・斜陽館のある金木や桜の名所である芦野公園、木材の街・津軽中里など自然の豊かな中を走るローカル私鉄の津軽鉄道を紹介しよう。

キハ2400形の単行列車が津軽五所川原駅に到着、大勢の乗客が降車してきた。
1971.10.10　P：荻原俊夫

2

1958年に三岐鉄道より譲渡されたキハ2406。荷台付のディーゼルカーで、津鉄での活躍は10年程度と短かった。
1965.9.13　津軽五所川原　P：荻原二郎

1．沿革

1.1　路線の形成

1916(大正5)年４月12日に、現在のJR五能線のうち川部～五所川原間の前身である陸奥鉄道株式会社が設立され、1918(大正7)年９月25日に川部～五所川原間が開通した。また鉄道省の手で日本海沿いに五所川原と能代(後の東能代)を結ぶ鉄道が建設されることになり、1924(大正13)年10月21日にはその一部として五所川原～森田(後の陸奥森田)間が開業、西津軽地方が奥羽本線を介して弘前・青森とレールによって結ばれた。

1927(昭和２)年６月１日、陸奥鉄道は政府に買収され、今でいう五能線の一部となった。この時点では津軽半島のいわば奥地でもある金木・中里・小泊(こどまり)地方へは交通の便がなく、これらの地域から西津軽の中心地である五所川原や青森に行くには、金木の馬車業者が冬季以外唯一の交通機関であった。

そのため、これらの地区の政界・経済界の人々は、五所川原から津軽の奥地となる金木・中里を結ぶ交通機関の構想を計画し、五所川原～中里(津軽中里)間20.7kmの鉄道敷設を目的に、陸奥鉄道の前社長だった平山為之助氏(現在の五所川原市の出身)を発起人として1927(昭和２)年７月４日に発起人会を開き、津軽鉄道建設実現への第一歩とした。

平山氏らの陸奥鉄道開業の実績をもとに鉄道敷設を準備、1928(昭和３)年２月24日に、津軽半島北部開発および津軽環状鉄道の実現を目的に、津軽鉄道株式会社を資本金120円で設立、同年11月より敷設工事が着工され、1930(昭和５)年７月15日に五所川原～金

■津軽鉄道路線図

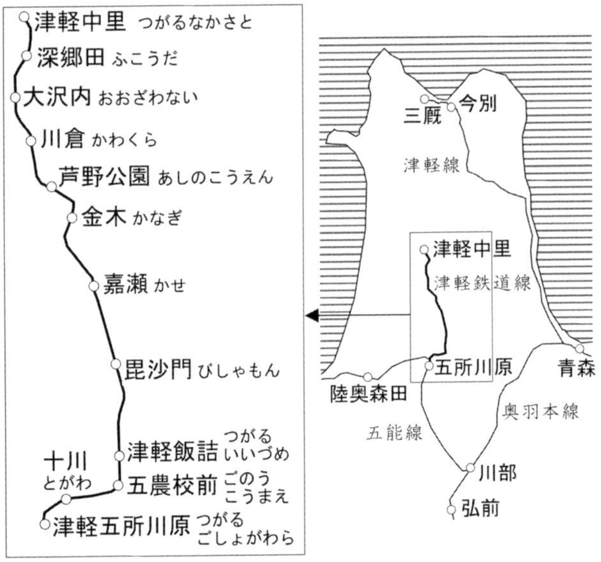

DD352の牽引する混合列車が金木に到着した。編成端に２両の客車（１両は気動車による代用）が連結されている。
1965.9.13　金木
P：荻原二郎

木間12.8kmが開業、五所川原駅で盛大に発車式を行った。

同年10月４日に金木～大沢内間、同年11月13日に大沢内～津軽中里までが延伸開業、これにより五所川原～津軽中里間の全線が開通した。しかし途中の深郷田付近は沼地や荒地などにより予想外に工事費が増加したほか、冷害や豪雪が連続するなど出費が多く、開業当初から赤字に悩まされたが、地元町村の協力と津軽鉄道の経営協力により経営が軌道に乗り、1934（昭和９）年より金木や中里、小泊のバス会社（金木自動車、陸奥乗合など）を買収して、名実ともに津軽半島の半分を占める鉄道・バス会社となった。

しかしバス部門は戦後の1955（昭和30）年３月28日に弘南鉄道系の弘南バスに譲渡して、残る鉄道のみで営業をしていくことになり、念願であった津軽中里以

津軽五所川原の駅前に立地する津軽鉄道本社。現在でも同じ建物が引き続き使用されている。
1976.5.3　P：鈴木　洋

東小泊方面への延長と実現できず、津軽五所川原～津軽中里間のみの営業で、今日に至っている。昭和40年代までは沿線にスーパーや商店もなく、津軽鉄道の乗客は、重くてかさばったカゴやブリキ缶、棒ダラの

■列車運行図表　1930（昭和５）年７月15日　津軽五所川原～金木間開業時のダイヤ　資料提供：津軽鉄道

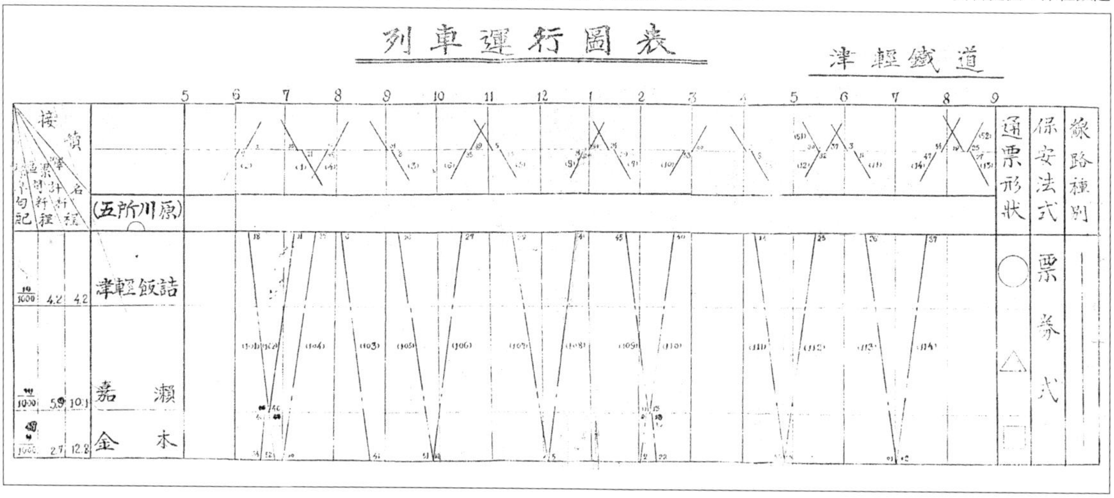

DD350形牽引の客車列車。ナハフ1200形＋オハ46形＋オハフ33形の計３両を牽引。
1986.4.28　毘沙門付近
P：鈴木　洋

束を積み込み、ついでに自分も乗って、車内で魚や果物が売買される光景も見られた。昼には街に行き、帰る大人や子ども、町会議員、時には郷里へ帰る相撲取りなど乗ってくるような、そんな時代もあった。

貨物列車は、沿線で産出されるリンゴや木材、米などを運び、1983（昭和58）年まで運転されていたが、1984年に不定期で運転されていたのを最後に廃止された。これにより運賃収入が大幅に減少した。

列車の最高速度は1986（昭和61）年６月よりスピードアップが図られ、それまでの50km/hから60km/hに向上している。

かつては国鉄（→JR）と共同で連絡切符を売っていて、東京や大阪方面まで津軽鉄道で発売していたが、今は連絡運輸はやめてしまった。

■列車運行図表　昭和５年11月13日改正　大沢内～津軽中里間開通により、津軽五所川原～津軽中里間全線開業時のダイヤ

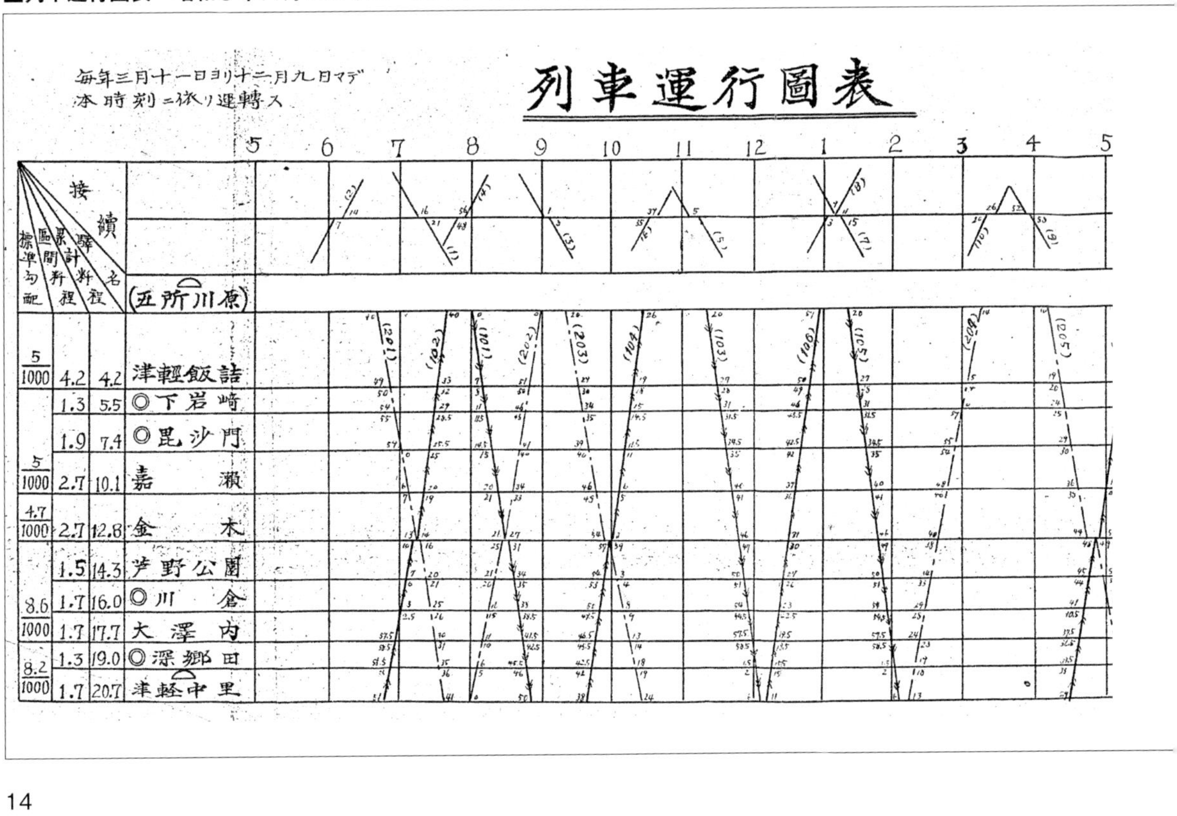

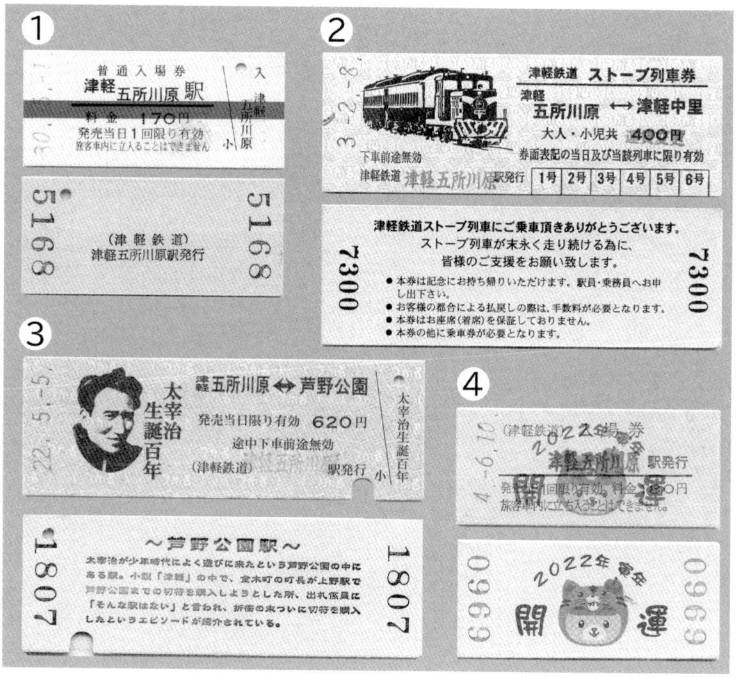

■津軽鉄道の各種乗車券

①：津軽五所川原駅の普通入場券(赤帯入硬券)。硬券入場券は津軽五所川原・金木・津軽中里の各駅で発売中。
②：ストーブ列車券。料金は500円。
③：沿線出身の小説家・太宰治の生誕百年を記念した乗車券。
④：2022年の干支(寅年)にちなんだ硬券入場券。

現在、津軽鉄道では、客車にストーブを積んだ「ストーブ列車」をこの地域の観光の目玉と考えており、ツアーに組み込まれたり、遠くから乗りに来たりする旅行客も絶えない。津軽鉄道社長の澤田長二郎氏も名刺にストーブ列車のPRを印刷して、「津軽に来てください、そしてうち(の津軽鉄道)に乗って下さい」と大いに宣伝している。ただ、最近のストーブ列車はコロナ禍もあって利用者が減少していて、津軽鉄道も一日当たりの利用者が減少しているのが現状であり、地元を上げて利用促進運動が行われている。

資料提供：津軽鉄道

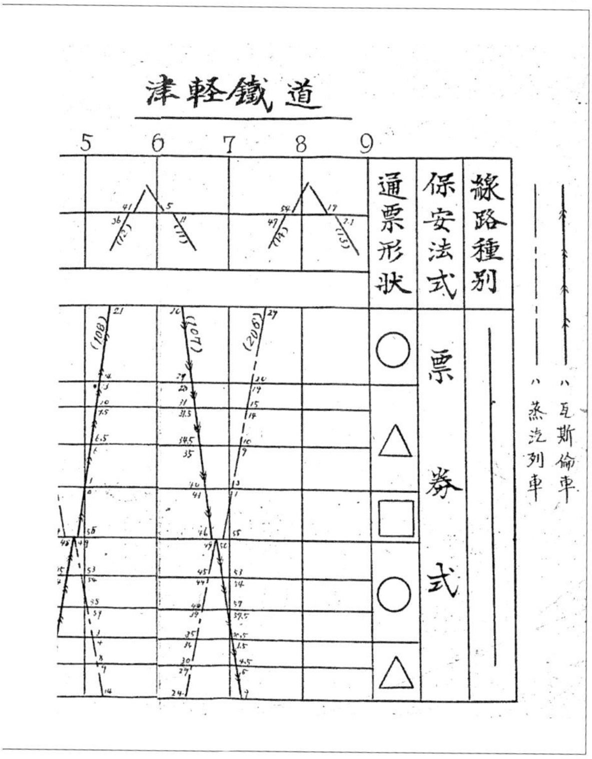

■列車発車時刻表　昭和５年11月13日改正

津軽中里開通直後の時刻表　資料提供：津軽鉄道

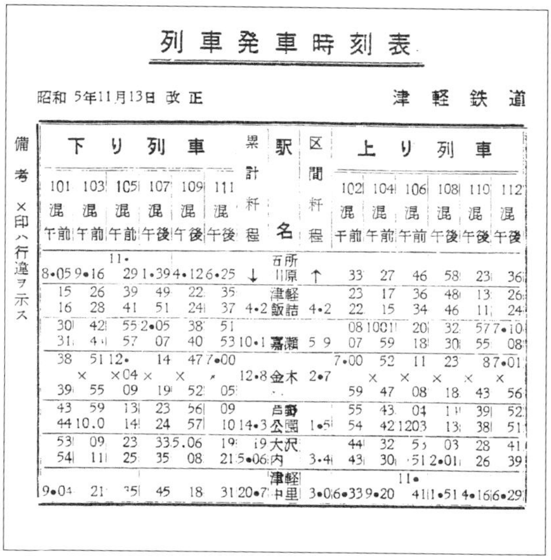

列車発車時刻表

昭和 5年11月13日 改正　　津軽鉄道

下り列車 101 混 午前	103 混 午前	105 混 午前	107 混 午後	109 混 午後	111 混 午後	累計粁程	駅名	区間粁程	上り列車 102 混 午前	104 混 午前	106 混 午前	108 混 午後	110 混 午後	112 混 午後
8•05	9•16	11•29	1•39	4•12	6•25	↓	五所川原	↑	33	27	46	58	23	36
15 16	26 28	39 41	49 51	22 24	35 37	4•2	津軽飯詰	4•2	23 22	17 15	36 34	48 46	13 11	26 24
30 31	42 4[illegible]	55 57	2•05 07	38 40	51 53	10•1	嘉瀬	5 9	08 07	1001 59	20 18	32 30	57 55	7•10 08
38 × 39	51 × 55	12• ×04 09	14 × 19	47 × 52	7•00 × 05	12•8	金木	2•7	7•00 × 59	52 × 47	11 × 08	23 × 18	8 × 43	7•01 × 56
43 44	59 10.0	13 14	23 24	56 57	09 10	14•3	芦野公園	1•5	55 54	43 42	04 1203	1[illegible] 13	39 38	52 51
53 54	09 11	23 25	33 35	5.06 08	19 21	[illegible]	大沢内	3•4	44 43	32 30	5[illegible] 51	03 2•01	28 26	41 39
9•04	21	35	45	18	31	20•7	津軽中里	3•0	6•33	9•20	11•41	1•51	4•16	6•29

備考　×印ハ行違ヲ示ス

ストーブ列車オハ31の車内。当時は観光客用としてではなく一般営業運転で用いられ、別途料金も必要なかった。 1982.3.4
P：宮下洋一

1.2 ストーブを搭載した客車

津軽鉄道と言えばまず有名なのが「ストーブ列車」である。現在のストーブ列車は、旧型客車の各車室内に石炭ストーブがそれぞれ２基が設けられており、寒さの厳しい津軽地方ならではの旅客サービスとして冬季の観光客に喜ばれている。

津軽鉄道におけるストーブを搭載した客車の起源は1930（昭和５）年の開業時に遡る。同年11月13日に五所川原から津軽中里までの全線が延長開業、開業当初は蒸気機関車が、武蔵野鉄道などから譲り受けた小型客車を牽いて1日７往復していた。関東から来た客車には暖房装置はなく、車内に設置した石炭ストーブが唯一の暖房であった。これが、津軽鉄道の車内における石炭ストーブの第一号である。

当時、青森県内の鉄道では、五所川原駅で接続する旧陸奥鉄道（後の国鉄五能線）をはじめ一部で石炭ストーブを使用しており、冬の寒さの厳しい本州最北端の鉄道としては、暖房がなければとても冬を越すことができず、なくてはならない設備であった。

開業時の小型客車にはハ１～12と手ブレーキ付のハフ１～４が在籍していたが、石炭ストーブはハフ１～４にのみに設置され、他の小型客車（車号不明）には石炭ストーブが付いていなかったと言われる。また、設置されたストーブは北海道などで流行していたダルマストーブではないかと言われているが、古い形の石炭ストーブであるというのは確かである。

開通直後の1932（昭和７）年とその翌年に、青森県の鉄道では最初と言われる２両のガソリンカー（キハ１・キハ２）を購入した。これらのガソリンカーには石炭ストーブは必要なかった。この頃のダイヤではストーブ列車は３～４往復している。

戦後になると木造ボギー客車ホハ12001・12002、ナハフ14101の３両（44頁参照）を国鉄から購入、二代目ストーブ列車として1955（昭和30）年に使用を開始した。さらに弘前電鉄（現在の弘南鉄道大鰐線）から客車１両を購入しナハフ14102として入線、早速石炭ストーブが設置されるが、この際設置されたものはダルマストーブではなかった。この４両の入線により、初代のストーブ列車である小型客車の廃車が進み、蒸気機関車C351～353とともに1957～58（昭和32～33）年まで廃車となった。

木造ボギー客車が入線する前に、津軽鉄道初の内燃機関車として２両のDL（DC201・202）が新潟鐵工所で製造された。箱形の車内には乗務員持ちの小型のタテ型の石炭ストーブが使われ、のちのキハ2400形の

オハ31に設置されたストーブに石炭をくべる車掌。
1982.3.4 P：宮下洋一

ダブルルーフ客車オハ31、旧西武電車ナハフ1200が現役当時のストーブ列車。オハ31の屋上に煙突が２本ずつ見える。
1982.3.4　津軽五所川原　P：宮下洋一

乗務員室にも設置された。

昭和30～40年代に入り気動車の増備が続く中、ホハ12000など４両の木造客車の老朽化が進み、国鉄からオハ31形３両を購入、津軽鉄道オハ31として1961(昭和36)年から使用開始した(45頁参照)。この３両は1927(昭和２)年、汽車・川車製の鋼製ダブルルーフ客車で、車内には冬季、石炭ストーブが設置されたことは言うまでもない。三代目のストーブ列車として1983(昭和58)年11月まで約20年間活躍ののち、四代目のストーブ列車に交代、ストーブは流用された。

四代目は1983(昭和58)年に国鉄よりオハフ33 2520とオハ46 2612・2662の３両を購入、五所川原機関区で手塗りによる塗色変更、トイレ撤去などの改造を行い、オハフ33 1、オハ46 2・3とした(34～36頁参照)。当初は客車３両をDD350形が牽いていたが、乗客の減少によりオハフ33形・オハ46形各１両の２両編成である場合が増えた。かつては西武鉄道からの譲渡車ナハフ1200形(37頁参照)が連結されていたこともあったが、現在では休車となっており、津軽五所川原駅の側線に留置されている。また、さらに最近ではDL(DD350形)牽引ではなく、DC(津軽21形)に牽かれる場合が増えてきている。

現在、ストーブ列車に乗車するためには「ストーブ列車券」(1人500円・小人同額)が必要であるが、客車の前後に連結されている津軽21形(走れメロス)にはストーブ列車券は不要で、運賃だけで乗車可能である。もちろん津軽21形にはストーブは設置していない。

それではいつ頃から「ストーブ列車」と呼ばれるようになったのだろうか。社内では昭和50年代の終わり頃ではないかと言われている。それまではただ客車の

ストーブ列車を前面に出した津軽鉄道のパンフレット。
資料提供：津軽鉄道

津軽鉄道の全線開業80周年を祝して運転された記念列車。DD350形＋オハフ33 1＋オハ46 2＋タム501の編成。
2010.8　金木―嘉瀬
P：鈴木　洋

暖房がDLから取れないためストーブを設置しただけなのに、これが津軽観光の目玉になると思ってもいなかったことである。

そのストーブの形について津軽鉄道のOBに尋ねたところ、当時ダルマストーブと思い込んでいたものは、実際はダルマストーブではなかったようである(北海道の炭鉱鉄道には、丸い本当のダルマのような感じのダルマストーブが存在していた)。その昔、津軽鉄道がストーブを購入した時は、北海道のストーブ製造会社(福禄)よりフクロク１号・２号と呼んで売り出していたもので、二代目のストーブ列車に設置されたのはフクロク１号であり、フクロク２号は同形だがそれより大型で、１号に比べると少し灰箱が改造されていて当時駅や保線事務所などに使われていたとのことである。石油ストーブが一般化した現在、同様の石炭ストーブはどこにも残っておらず、部品確保に苦労している。しかし冬の津軽鉄道の看板なので、各地の道具屋、燃料店に聞いて回っているとのことである。

ストーブに使用する石炭も、昭和40年頃までは北海道の炭鉱から直接貨車で輸送し入手していたが、今

■列車運行図表　1984(昭和59)年６月16日改正　太線はストーブ列車を示す。

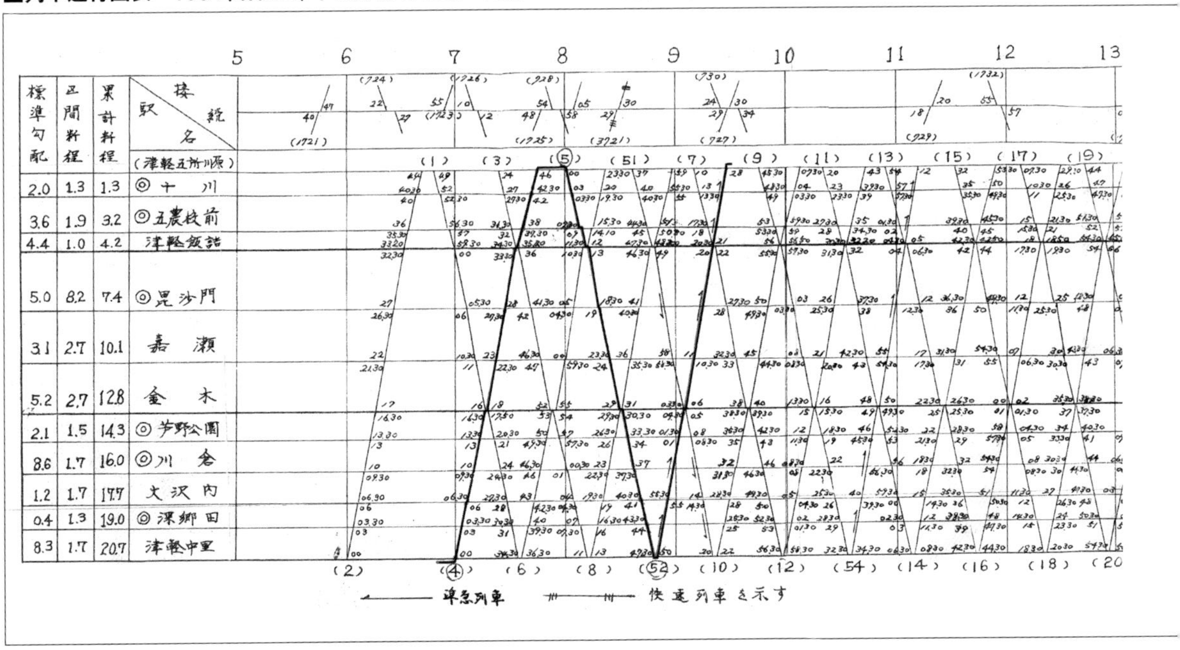

「ストーブ列車」牽引の主力機関車、DD351（手前）とDD352。
1976.3.1　津軽五所川原　P：鈴木　洋

では青森の業者を通してトラックで輸送を行っている。五所川原駅付近の道路事情がよくなかった頃は途中の津軽飯詰駅までトラックで輸送し、そこから社有の貨車トムに積み替えていたが、今は五所川原駅までトラックで直接輸送し、石炭は一旦津軽五所川原駅の代用倉庫（廃車となったワム５）の中に貯蔵している。なおストーブ列車の乗車記念として、石炭を小さな袋に入れ１袋100円で売っている。

現在四代目の客車は、夏季ダイヤ時には時々イベントで使われる以外、五所川原機関区で休んでいる。ただ、４～５月の桜の咲く季節は芦野公園の利用者が多いため、「旧型客車列車」としてストーブを焚かない状態で走っているほか、盛夏で暑い中にあえて石炭ストーブを焚き、アイスクリームなどを食べながら乗車する「真夏のストーブ列車」も運転されている。

2019（令和元）年に開催された、夏ダイヤでの旧型客車を使ったイベント２題。ストーブを焚かない「旧型客車」と「真夏のストーブ列車」の運行案内。
資料提供：津軽鉄道

遠くから乗りに来る乗客も多い「ストーブ列車」は、運賃とは別に1人500円という料金で、のんびり自然と四季の美しい津軽を楽しむことができる。なおストーブ列車にはアテンダントが乗務しているが、津軽鉄道の従業員ではなく、独立した津軽半島観光アテンダント推進協議会より派遣されている。

資料提供：津軽鉄道（所蔵：鈴木　洋）

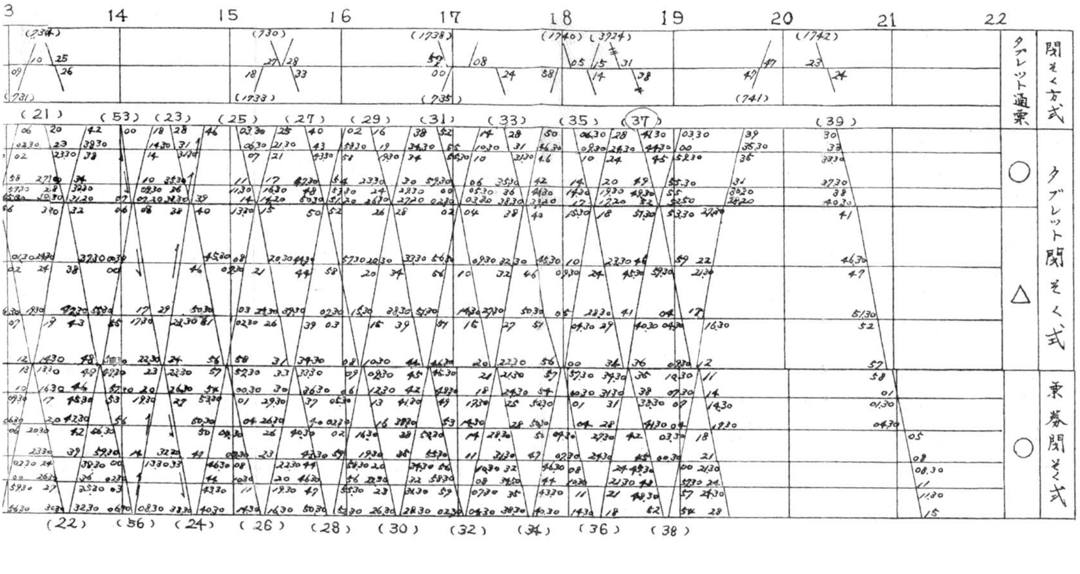

2．運転

現在、列車交換設備は途中金木のみで、かつては津軽飯詰駅にも交換設備があったが、ワンマン化推進および合理化のため無人化され棒駅化された。さらに以前、1994～96(平成6～8)年頃までは嘉瀬(かせ)・芦野公園も有人駅であったが、桜の咲く季節を除いて無人化した。1992(平成4)年4月より人件費節減のため列車運行をワンマン化している。

毎年4月から11月までが夏ダイヤで、ワンマンカーが1～2両編成でのんびり走っている。12月から3月までは冬ダイヤで、「ストーブ列車」が津軽五所川原～津軽中里間を1日3往復している。

■列車運行図表　1995(平成7)年4月1日改正　金木のほか津軽飯詰で交換があった時代。

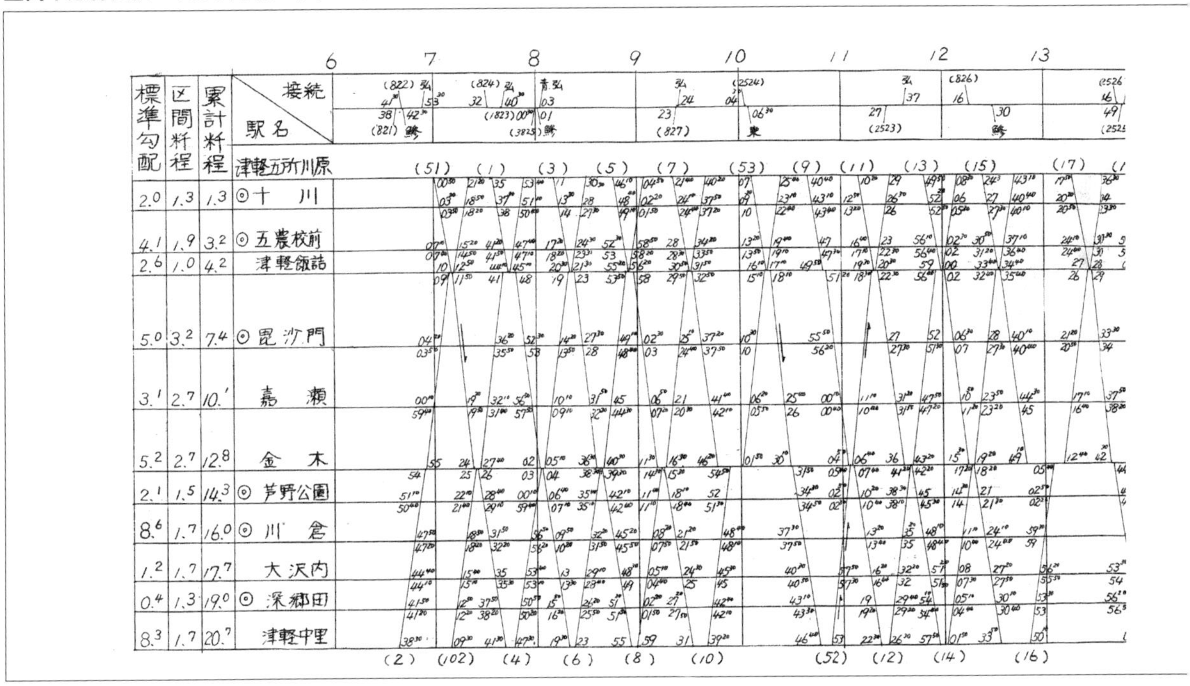

■列車運行図表　2020(令和2)年11月1日改正　2021年3月13日JRダイヤ改正版　現行ダイヤと同じ。

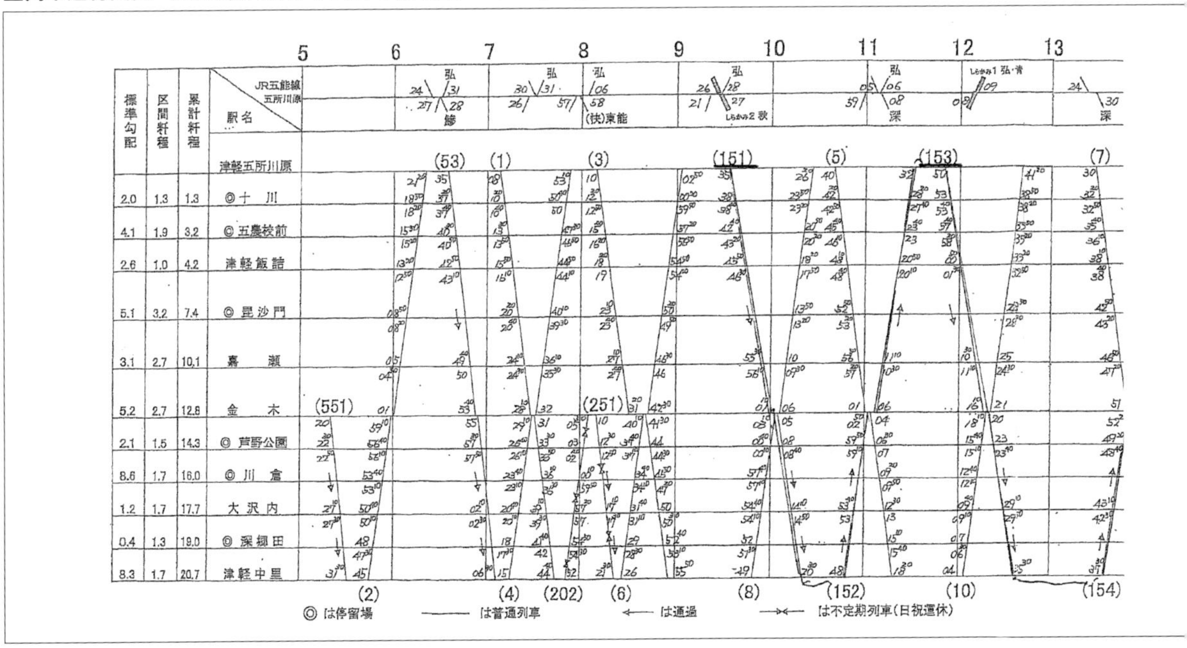

通常のダイヤでは１日12往復運転していて、およそ90分間隔で運行している。編成は、朝のラッシュ時はキハ２両で運行、それ以外は単行でワンマン運転している。夏季（７～８月）にはすべての列車が「風鈴列車」となるほか、秋季（９～10月中旬）には「鈴虫列車」となって、車内でスズムシの声を楽しむことができる。

かつては社用貨物として、津軽五所川原～津軽飯詰間で資材を輸送するほか、冬季は積雪のため津軽五所川原～嘉瀬間に変更して月に２～３回運転されていた。これは私鉄では大変珍しく、タム形貨車に燃料用の軽油を運んでいたが、今では五所川原機関区付近までトラックが入るようになり、タム形貨車も休んでいる。

資料提供：津軽鉄道（所蔵：鈴木　洋）

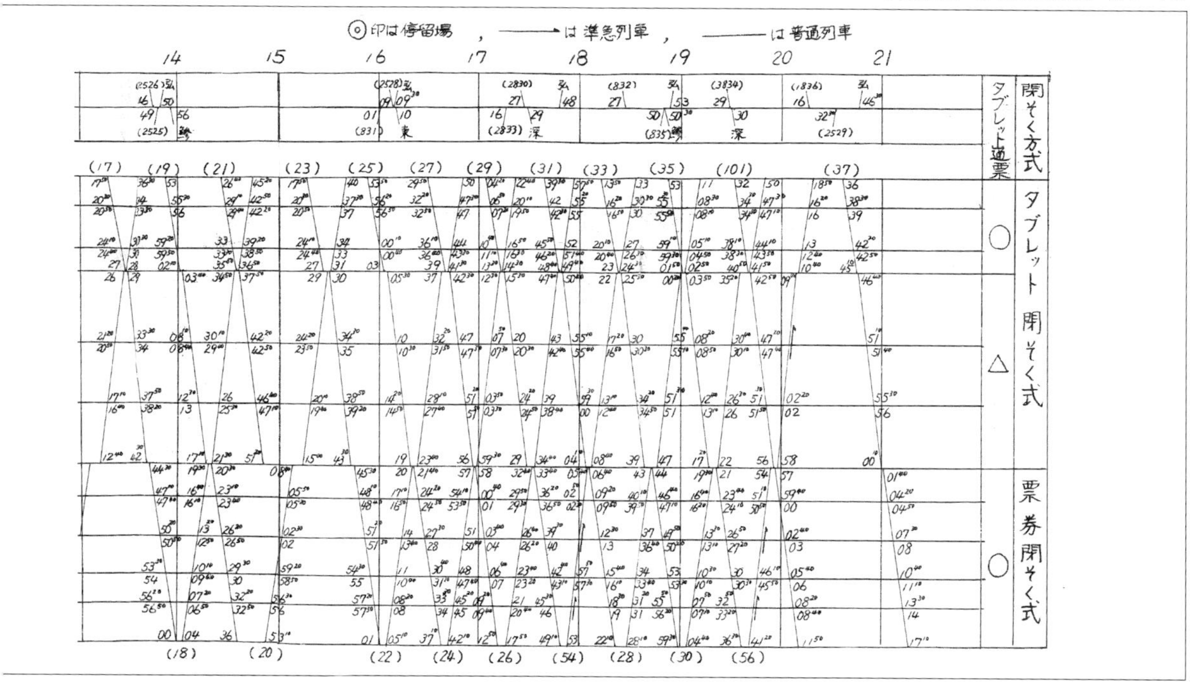

資料提供：津軽鉄道（所蔵：鈴木　洋）

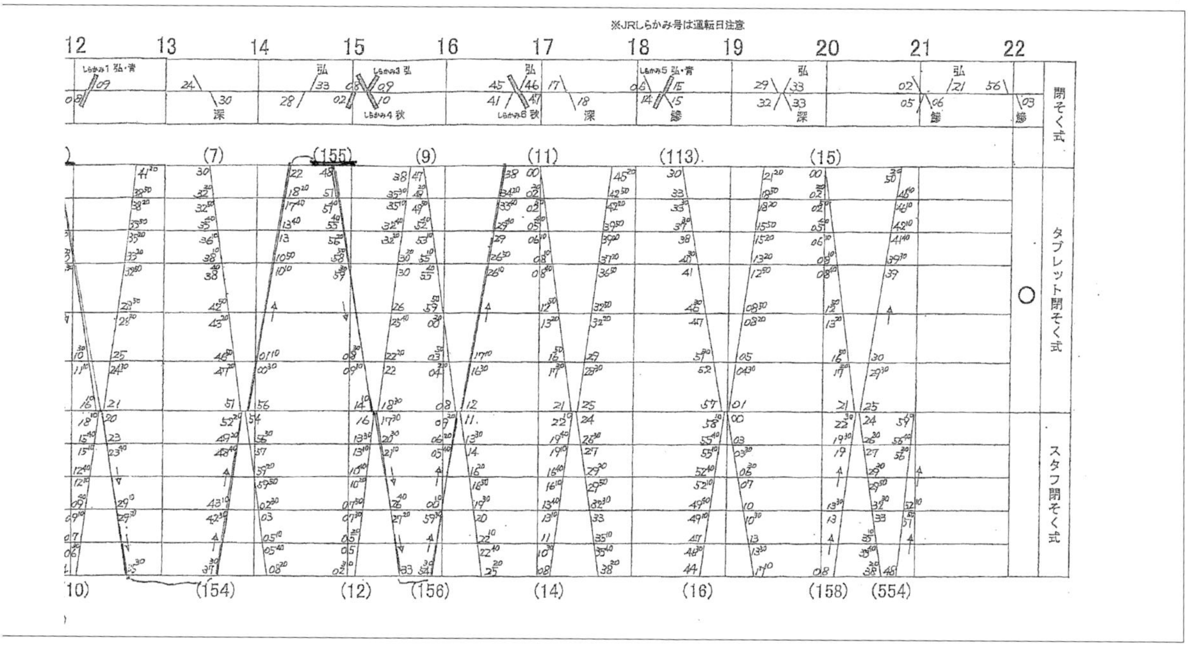

1970(昭和45)年時点の津軽五所川原駅の構内。２頁のカラー写真よりさらに11年前の様子で、見比べると車両の顔触れや周囲の情景が変化していることがわかる。
1970.10.10　P：荻原俊夫

３．施設・駅

津軽鉄道の営業距離は津軽五所川原〜津軽中里間の20.7kmで、線路延長は本線が20,875m、側線が4,323mの計25,198mである。駅は起点の津軽五所川原・途中駅の金木・終点の津軽中里の各駅が有人駅で、他は無人駅である。ただ芦野公園駅については、桜の開花時期のみ多客対応のため有人化される。

軌条は本線が37kgレール、側線が30kgレールで、一部25kgレールがある。トンネルや大きな橋梁はなく、最も長い橋梁は嘉瀬〜金木間の金木川鉄橋(36m)である。閉塞方式は五所川原〜金木間がタブレット閉塞、金木〜津軽中里間が今どき全国的にも珍しいスタフ閉塞式である。

信号機は腕木式、運賃は対キロ制で、最低運賃180円。社長は澤田長二郎氏(東北鉄道協会会長)である。

●津軽五所川原　つがるごしょがわら

津軽五所川原駅には、本社・機関区・保線区が設置されている。機関庫は木造２棟で３両収容、冬季には気動車が一晩中エンジンを掛けアイドリングを行っている(１両で一晩30リットルくらい掛かるらしい)。

構内は広く、転車台・機回し線もある。ホームは１面２線で、国鉄(JR)五能線とは当初共通の駅舎であったが、1956(昭和31)年に分離され、改札口も別になっている。

1985(昭和60)年には開業55周年を記念して津軽鉄道初のホーム上家が自社の手により完成した。ホームには、創業時からのレールが展示されているほか、廃

地上から見た津軽五所川原駅構内全景。多数の客貨車が留置されている。右側が国鉄五能線の五所川原駅。
1987.5.2　P：宮下洋一

国鉄駅とは別に設けられた津軽鉄道の津軽五所川原駅舎。現在でもほぼそのままの形で使用されている。
1965.9.13　P：荻原二郎

津軽五所川原駅の一端にある五所川原機関区。すでに津軽21形が２両入線した後で、在来型の気動車と併用されていた。
1999.6　P：宮下洋一

津軽五所川原駅にホームへ至る跨線橋を新設しているところ。
1965.9.13　P：荻原二郎

車となった貨車ワム５を倉庫代用として使用し、観光案内を兼ねた案内板が取り付けてある。

●十川　とがわ

起点の津軽五所川原の隣である十川は無人駅で、近年周囲が宅地化されている。

●五農校前　ごのうこうまえ

1974(昭和49)年に、近くにあった一野坪停留場を県立高校(五所川原農林高等学校)の開校に合わせ移設・改称して開業した無人駅である。

津軽五所川原駅ホームに展示された、歴代レールの変遷。1881(明治14)年英国製の25kgレールから1927(昭和２)年日本製鉄製の37kgレールまで５種が展示されている。　P：鈴木　洋

十川駅の全景。トンガリ屋根の駅待合室が特徴的。
2002.6.25　P：広瀬晴一

昭和の時代の十川駅は簡素なホームと待合室の組み合わせであった。
1965.9.13　P：荻原二郎

津軽飯詰駅舎全景。現在でもほぼ変わらぬ姿で使用されている。
1997.1.1　P：宮下洋一

●津軽飯詰　つがるいいづめ

かつては有人駅であったが、現在は無人化されている。交換可能駅で、上下線進入部のポイント上に防雪屋根(スノーシェッド)があることでも知られている。

この駅は、冬季以外は社用貨車の発着場となっており、タムやトムが停車していることがある。かつては五所川原機関区にトラックが入らなかったため、この駅で気動車を走らせるための燃料となる軽油などを社用貨車に積み替えて、五所川原への輸送を行っていた。

駅両端の分岐部を覆う形で設置されているスノーシェッド。
2002.4.29　津軽飯詰　P：宮下洋一

津軽飯詰駅の全景。中里方から五所川原方を見たところ。
1999.5　P：宮下洋一

キハ2403ほか２両編成が停車中の津軽飯詰駅。
1965.9.13　P：荻原二郎

毘沙門駅全景。単式ホーム１本の駅で、現在は待合室が建替えられている。　1999.2　P：宮下洋一

1960年代の毘沙門駅。防風・防雪のため植えられた背後の鉄道林が成長する前の姿である。　1965.9.13　P：荻原二郎

●毘沙門　びしゃもん

無人駅で、近くに農業センターがある。とても小さな駅舎で、寂しい雰囲気である。

●嘉瀬　かせ

当駅も無人化されたが、かつて貨物輸送を行っていた際には貨車の発着が、隣の金木駅とともに多数あった。またタレントの吉 幾三の生誕地でもある。

嘉瀬駅舎。現在でもほぼそのままの形で使用されている。　1997.8.25　P：広瀬晴一

嘉瀬駅構内全景。現在では使われなくなった貨物側線の跡が見られる。　1999.5　P：宮下洋一

1960年代の嘉瀬駅構内(駅舎の線路側)。　1965.9.13　P：荻原二郎

金木駅に入線するキハ24023。後部に貨車(国鉄ワム)を連結した混合列車である。
1982.8.1　P：鈴木　洋

●金木　かなぎ

沿線随一の規模を持つ有人交換駅で、駅舎も数年前に新しくなった。観光客も多く、沿線唯一の温泉地「金木温泉」として旅館街のほか公衆浴場もあったが、現在では公衆浴場の方は閉館になってしまった。

金木駅の旧駅舎。現在は「金木交流プラザ」併設の新駅舎に建替えられている。　2002.6.25　P：広瀬晴一

沿線随一の主要駅である金木は、多数の乗客が利用する。
1999.1.16　P：宮下洋一

芦野公園駅の新駅舎。桜の季節には多数の観光客が利用する。
2002.6.25
P：広瀬晴一

●芦野公園　あしのこうえん

県立自然公園内に設置されている駅で、桜の名所として知られており、普段は無人化されているが開花時期になると有人化される。

ホームの前には、かつて当線でストーブ列車として活躍した17m級ダブルルーフ客車オハ31形(31 1)が保存されていたが、2007(平成19)年に埼玉県大宮市(現・さいたま市)に鉄道博物館がオープンするのに伴い、その収蔵車両として運び出された。オハ31 1は国鉄形式オハ31 26として当時の姿に補修・復元され、保存展示されている。

なお新駅舎の完成により使用されなくなった旧駅舎は、喫茶店に改装されて現在も使用されている。

旧駅舎時代の芦野公園駅。
1965.9.13　P：荻原二郎

新駅舎への業務移行後は喫茶店として使用されている芦野公園駅の旧駅舎。
2002.6.25　P：広瀬晴一

芦野公園の駅前で保存されていたオハ31 1。2006(平成18)年にここから搬出され、国鉄時代の外観に復元のうえ大宮の鉄道博物館で保存されている。
1987.5.2　P：宮下洋一

川倉駅を出発したストーブ列車（オハフ33 1ほか）。
2000.3.14　P：宮下洋一

●川倉　かわくら

ホーム１本の無人駅である。

●大沢内　おおざわない

1984（昭和59）年６月までは有人駅であったが、現在は無人駅である。

●深郷田　ふこうだ

無人駅。この周辺は鉄道敷設の際の建設工事で最も難航したところとされる。

1960年代の川倉駅。ホーム・待合室ともに現在より簡素なものである。
1965.9.13　P：荻原二郎

大沢内の木造駅舎。現在のモルタル塗り駅舎になる前の、先代のものと思われる。
1965.9.13　P：荻原二郎

大沢内駅構内全景。貨物側線が存在したが、現在は使用されない。
1999.2　P：宮下洋一

深郷田駅全景。ホーム・待合室ともに現在では新たなものに改装されている。
1965.9.13　P：荻原二郎

津軽中里駅に停車中のストーブ列車。線路終端部の先は、城跡も存在する小高い山裾になっている。
1994.2.20　P：広瀬晴一

●津軽中里　つがるなかさと

有人の終端駅で、機回り線、転車台、車庫と貨物側線があったが、貨物側線は撤去されている。線路終端部は丘に突き当たり、レールもそこで切れている。

駅には「本州最北の私鉄駅」と記されている。この駅にも入場券(硬券)があり、ファンが乗車記念に購入することも多い。

この津軽中里駅から、小泊や十三湖へ行く弘南バスが発着している。

津軽中里の旧駅舎。後に商業施設を併設した新駅舎に移行、現在は商業施設が閉店し、津軽地方伝統の人形芝居を扱う「金多豆蔵人形劇場」となっている。　1994.2.20　P：広瀬晴一

1960年代の津軽中里駅舎。終端駅として非常に立派なものであった。
1965.9.13　P：荻原二郎

津軽中里駅構内にある木造機関庫。側壁に貼られた「山火事用心」の標語が印象的。
1999.1.16
P：宮下洋一

ディーゼル機関車DD350形351。1957(昭和32)年新潟鐵工所製の35t標準凸型機。
1970.8.28　津軽五所川原
P：鈴木　洋

4．車両

旅客営業用の現存車両は、「走れメロス」の津軽21形気動車５両と客車のオハフ33 1・オハ46 2・オハ46 3の３両である。このうちオハ46 3は出番が少なく、津軽五所川原駅のホームにいつも留置されている。

旧西武のナハフ1200形は３両在籍していたが、そのうちナハフ1201は廃車となり、解体されている。

●DD350形(351・352)

DD351は1957(昭和32)年12月、DD352は1959(昭和34)年11月に新潟鐵工所(現在は鉄道車両製造部門は新潟トランシスに移行)で製造されたディーゼル機関車で、茶色の塗装に白のラインをまとっている。B-B型で中央運転台(センターキャブ)の小型DLで、機関はDD351がDMH17形180PS(1,500rpm)、DD352が数年前に従来のL6FH14ASから、6L13AS形230PS(1,600rpm)に換装された。変速機はDFN115形、列

■車両竣工図表　記号番号DD351　　資料提供：津軽鉄道

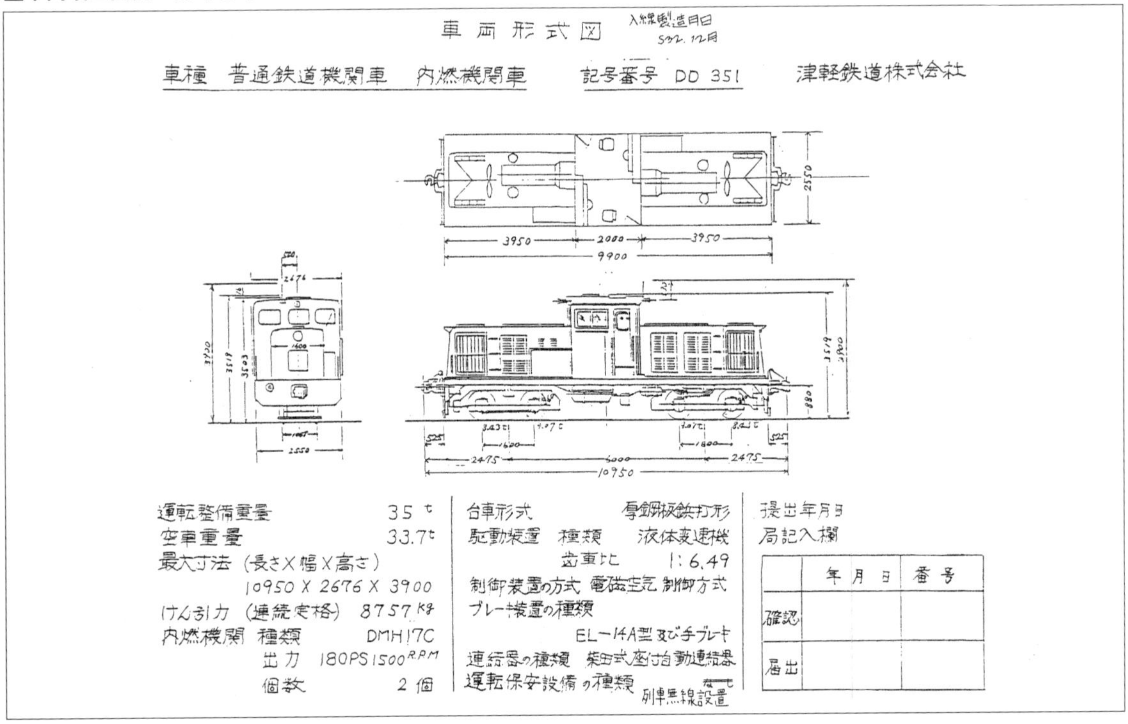

車両形式図　入線製造月日 S32. 12月

車種　普通鉄道機関車　内燃機関車　　記号番号　DD 351　　津軽鉄道株式会社

運転整備重量　35 t
空車重量　33.7t
最大寸法（長さX幅X高さ）
10950 X 2676 X 3900
けん引力（連続定格）　8757 kg
内燃機関　種類　DMH17C
出力　180PS 1500 RPM
個数　2 個

台車形式　厚鋼板鉄打形
駆動装置　種類　液体変速機
歯車比　1：6.49
制御装置の方式　電磁空気 制御方式
ブレー装置の種類
EL−14A型及び手ブレーキ
連結器の種類　柴田式座付自動連結器
運転保安設備の種類　列車無線設置

提出年月日
局記入欄

	年 月 日	番号
確認		
届出		

ディーゼル機関車DD350形352。1959(昭和34)年新潟鐵工所製の35t標準凸型機。

津軽五所川原

P：荻原二郎

車無線は1988(昭和63)年２月に新製されている。

かつては各地の地方私鉄で見ることのできた新潟鐵工所製35t標準型DLで、同型車は茨城交通ケキ102・103、日本軽金属(新潟)301、常磐共同火力のDD351(後に仙台臨海鉄道→衣浦臨海鉄道へ譲渡)など見られたが、他社のものはほとんど老朽化のため廃車になっている。

新製以来、貨物列車や旅客列車の牽引に用いられてきたが、老朽化が著しいため津軽鉄道では代替車両を探している。しかし、なかなか同等クラスのDLは見当たらず、メーカーに尋ねたところ、専用線が各地で廃止されている関係で50tクラスの中古車両は時々発生するものの、35tは新製するほかないそうで、資金的に導入は困難な様子である。

２両のうちDD351は調子がよくないようで、この10年ほど五所川原機関区で休んでいる。

■車両竣工図表　記号番号DD352

資料提供：津軽鉄道

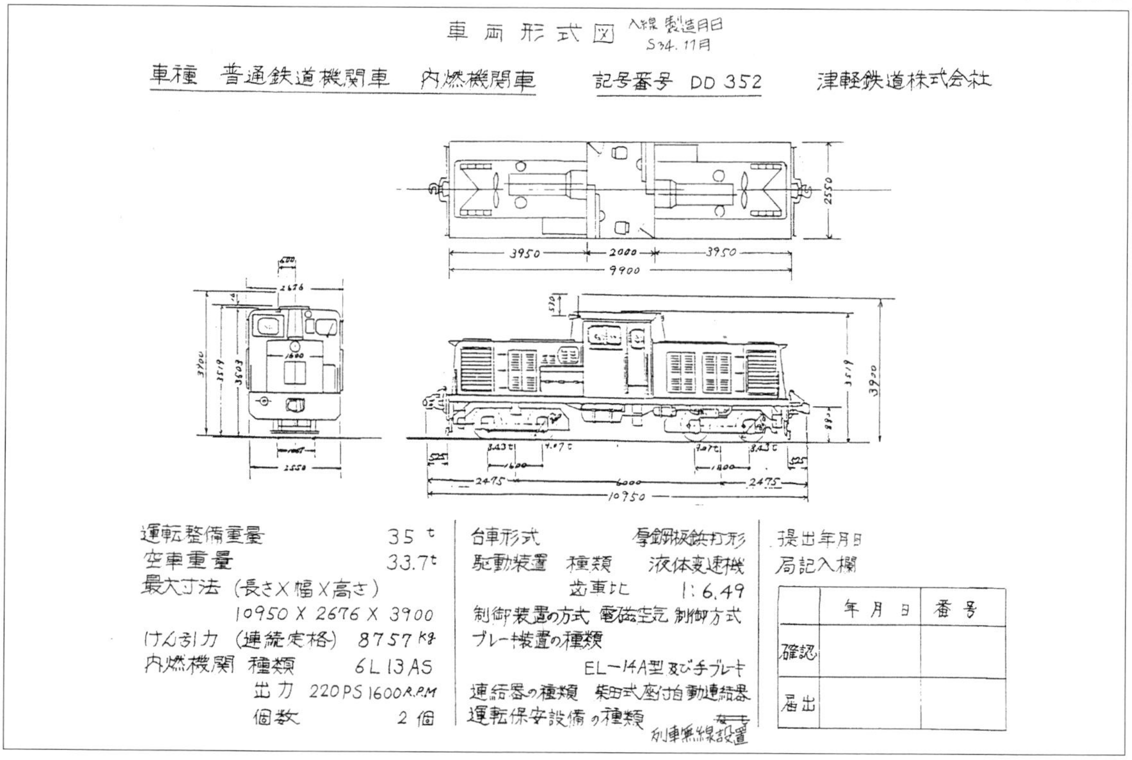

車両形式図　入線 製造月日 S34. 11月

車種　普通鉄道機関車　内燃機関車　　記号番号　DD 352　　津軽鉄道株式会社

運転整備重量　35 t
空車重量　33.7 t
最大寸法（長さ X 幅 X 高さ）
10950 X 2676 X 3900
けん引力（連続定格）　8757 kg
内燃機関　種類　6L 13 AS
出力　220 PS 1600 R.P.M
個数　2 個

台車形式　厚鋼板鉄打形
駆動装置　種類　液体変速機
歯車比　1：6.49
制御装置の方式　電磁空気 制御方式
ブレーキ装置の種類
EL−14A型及び手ブレーキ
連結器の種類　柴田式座付自動連結器
運転保安設備の種類　~~なし~~ 列車無線設置

提出年月日
局記入欄

	年 月 日	番 号
確認		
届出		

津軽21形(21-101)。現在の津鉄の主力となる軽快気動車で、1996(平成8)年より製造、現在5両が在籍する。
1997.8.25　嘉瀬
P：広瀬晴一

●津軽21形(101～105)

津軽21形のうち、101・102の2両は1996(平成8)年に新潟鐵工所で製造され、同年11月に試乗会・祝賀会を行った。2両とも、地元出身の小説家・太宰治の小説にちなみ「走れメロス」の愛称板が付き、車体色はオレンジ色をベースに緑のラインが入る。

その後、2001(平成13)年に津軽21形103～105の3両が増備され、5両が揃ったことから従来のキハ2400形を廃車にしている。

車内にはトイレはなく、車体中央部がクロスシートで、車両の出入口の付近がロングシートになっている。将来のJR五能線への乗り入れを想定し、ATS-Pの準備工事がなされている。車内には津軽文庫(本など)の置き場と、秋季に「鈴虫列車」として運行する際に用いる虫カゴの台が前後1ヶ所ずつ取り付けてある。

■車両竣工図表　記号番号 津軽21-101～102　　資料提供：津軽鉄道

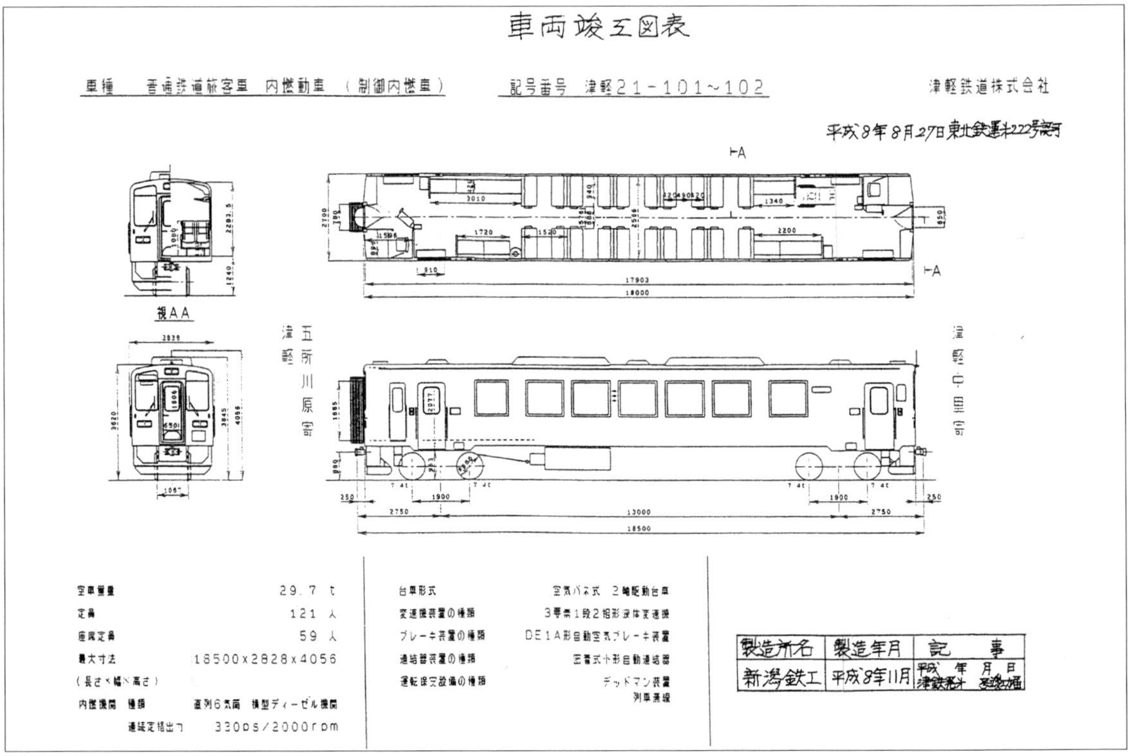

■津軽鉄道 新形軽快ディーゼル動車　津軽21形パンフレット(新潟鐵工所)

資料提供：津軽鉄道

新形軽快ディーゼル動車 津軽21形　走れメロス

郷土が生んだ文豪、太宰 治に因んだ「走れメロス号」。

実り豊かな津軽の秋を表すオレンジ色をベースに、モスグリーンのライン構成で、クラシックな香りと雄大な岩木山の裾野の広がりをイメージし、郷土が育んだ歴史と文化の里、津軽平野を快走するのにふさわしいデザインとしました。

車内は、明るいアイボリーを基調とし、腰掛モケットは津軽凧絵を思わせる色調で郷土色をかもし出し、落ち着いた中にモダンさを感じさせる暖色系を使用しています。

客室窓は、固定窓として暖房効率を向上させ、津軽の厳しい冬への対策も万全です。また、クーラーを搭載するなど、四季を通して快適なサービスを提供できるようにしました。

弱者対策として、出入口には容易に扉を開け閉めできる半自動ドアスイッチを設定。また、車内に車椅子スペースを設けるなど人に優しい車両となっています。

台車は、空気バネ式2軸駆動式を採用し、乗り心地の向上を図るとともに、降雪地の走行性能を確保しています。

◀客室

◀正面　半自動ドアスイッチ▶

●車体寸法図

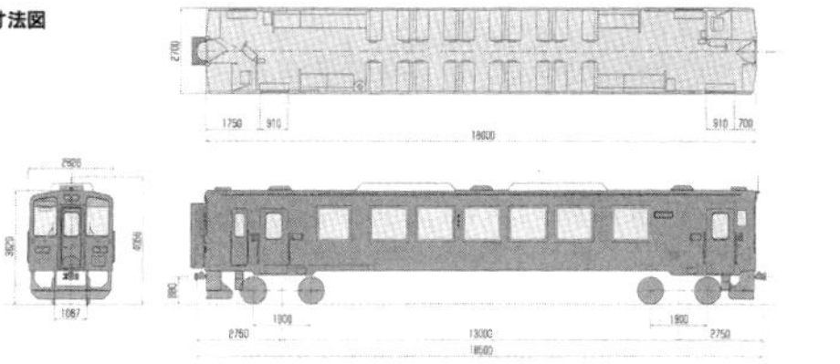

●主要諸元

軌間		1067mm	定員	座席	59人
最大寸法	長さ	18500mm		立席	62人
	幅	2828mm		合計	121人
	高さ	4056mm	機関		ニイガタDMF13HZ 330PS/2000rpm
空車重量		29.7t	変速機		ニイガタTACN-22-1600液体変速機
最高速度		95km/h	ブレーキ装置		DE1A式自動空気ブレーキ装置
台車		2軸駆動空気バネ台車	空調		温水温風暖房・冷房付

■車両外形図　記号番号 津軽21-103～105

資料提供：津軽鉄道

車両外形図

車種　普通鉄道旅客車 内燃動車 (制御内燃車)　記号番号 津軽21-103～105　津軽鉄道株式会社

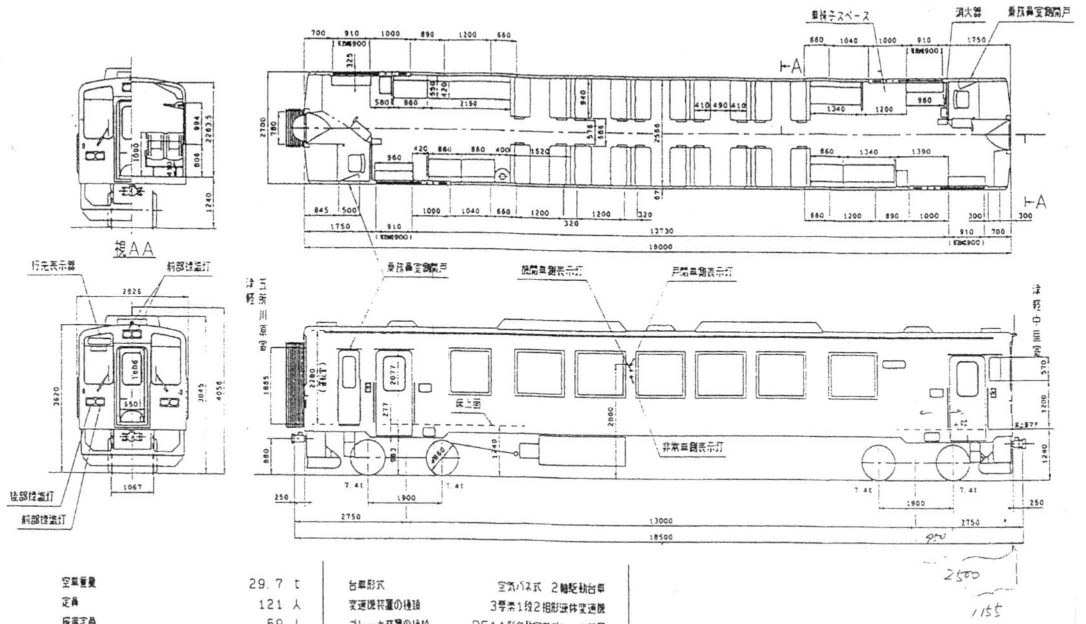

空車重量	29.7 t
定員	121 人
座席定員	59 人
最大寸法 (長さ×幅×高さ)	18500×2828×4056
内燃機関　種類	直列6気筒 横型ディーゼル機関
連続定格出力	330ps/2000rpm

台車形式	空気バネ式 2軸駆動台車
変速機装置の種類	3要素1段2相形液体変速機
ブレーキ装置の種類	DE1A形自動空気ブレーキ装置
連結器装置の種類	密着式小形自動連結器
運転保安設備の種類	デッドマン装置 列車無線

オハフ33 1。1983(昭和58)年に国鉄オハフ33 2520を譲り受けたもの。　1987.5.2　津軽五所川原　P：宮下洋一

●オハフ33形(33 1)

老朽化したオハ31形の代替として国鉄より秋田操車場で留置されていたオハフ33 2520を1983(昭和58)年に譲り受けた。1948(昭和23)年の新潟鐵工所製で、オハフ33 520として落成、電気暖房の設置に伴いオハフ33 2520に改番、国鉄大船工場で更新修繕、その後国鉄土崎工場で体質改善工事を行っている。

オハ46形とともに1983(昭和58)年10月に津軽鉄道に入線して試乗会を経て使用開始されている。入線にあたって洗面台・トイレの撤去、ストーブの取付並びに屋根の改造(ベンチレーター2ヶ所撤去)、スピーカー設置などを行い、五所川原機関区にて自社で津軽色に塗り替えを行った。

■車両竣工図表　形式称号オハフ33(331)

資料提供：津軽鉄道

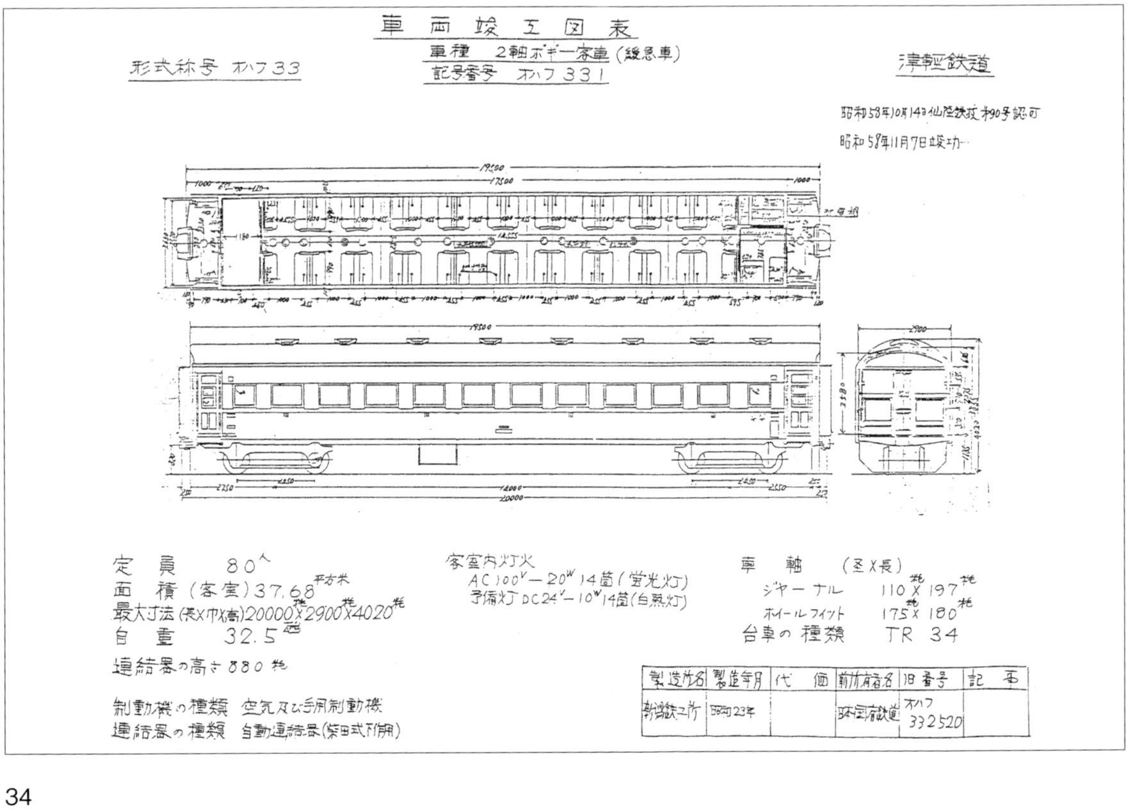

車両竣工図表

形式称号 オハフ33

車種 2軸ボギー客車(緩急車)

記号番号 オハフ331

津軽鉄道

昭和58年10月14日仙陸鉄技第90号認可

昭和58年11月7日竣功

定員 80人

面積(客室) 37.68平方米

最大寸法(長×巾×高) 20000粍×2900粍×4020粍

自重 32.5屯

連結器の高さ 880粍

制動機の種類 空気及び手用制動機

連結器の種類 自動連結器(柴田式下作用)

客室内灯火

AC100V－20W 14箇(蛍光灯)

予備灯 DC24V－10W 14箇(白熱灯)

車軸 (径×長)

ジャーナル 110粍×197粍

ホイールフイット 175粍×180粍

台車の種類 TR 34

製造所名	製造年月	代価	前所有者名	旧番号	記事
新潟鉄工所	昭和23年		日本国有鉄道	オハフ 332520	

オハ46 2。1983(昭和58)年に国鉄オハ46 2612を譲り受けたもの。
1983.9　津軽五所川原
P：鈴木　洋

●オハ46形(46 2・46 3)

国鉄オハ46 2612・2662(いずれも秋田区)の2両を、オハフ33 1と同時に1983(昭和58)年春に払下げを受けた。これら3両は国鉄五能線の50系客車導入に伴い、津軽鉄道からも近い秋田の追分駅構内に留置されていたもので、その中から状態のいい3両を購入した。

津軽鉄道では、購入後五所川原機関区でオハフ33と同様に改造を受け、1983(昭和58)年11月より使用開始した。オハ46 2は1954(昭和29)年11月日立製作所製、オハ46 3は1955(昭和30)年4月川崎車輌製で、台車はTR47、オールクロスシート車で、車内は蛍光灯装備である。五所川原機関区でトイレ撤去などの改造を行い、手塗りで車体の塗装が行われた。

■車両竣工図表　形式称号オハ46(462・463)　資料提供：津軽鉄道

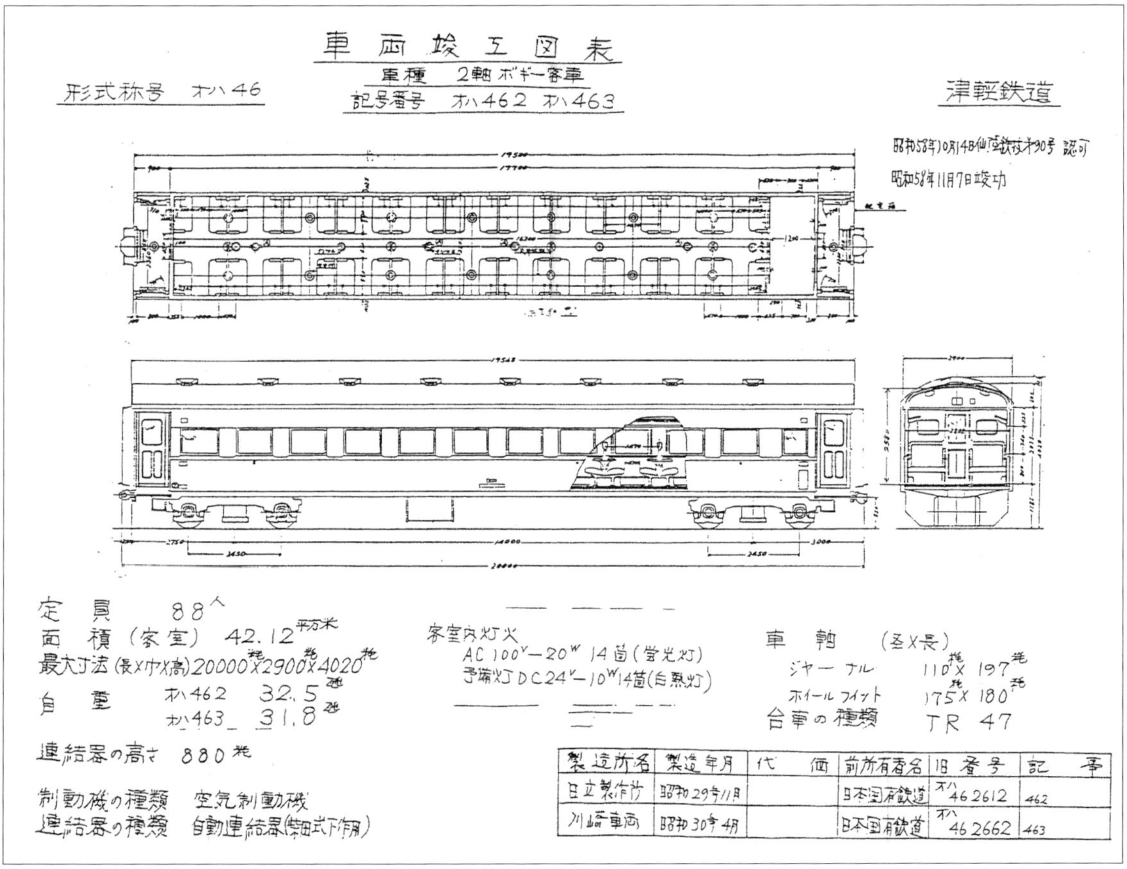

車両竣工図表
車種　2軸ボギー客車
形式称号　オハ46
記号番号　オハ462　オハ463
津軽鉄道

昭和58年10月14日仙鉄技才90号 認可
昭和58年11月7日竣功

定員　88人
面積(客室)　42.12平方米
最大寸法(長×巾×高)20000粍×2900粍×4020粍
自重　オハ462　32.5瓲
　　　オハ463　31.8瓲
連結器の高さ　880粍
制動機の種類　空気制動機
連結器の種類　自動連結器(柴田式下作用)

客室内灯火
AC100V－20W 14箇(蛍光灯)
予備灯DC24V－10W14箇(白熱灯)

車軸(径×長)
ジャーナル　110粍×197粍
ホイールフイット　175粍×180粍
台車の種類　TR 47

製造所名	製造年月	代価	前所有者名	旧番号	記事
日立製作所	昭和29年11月		日本国有鉄道	オハ46 2612	462
川崎車両	昭和30年4月		日本国有鉄道	オハ46 2662	463

1988(昭和63)年に金木町(現在は五所川原市)のイベントとして運転された「サンタ列車」に合わせ、赤色に塗られたオハ46 2。後に津軽色に戻っている。
1997.12.24　津軽五所川原　P：宮下洋一

国鉄から譲り受けたオハ46 2662を手作業で整備しているところ。この後オハ46 3として津鉄にデビューを果たす。
1983.8.28　津軽五所川原　P：鈴木　洋

オハフ33形と３両でかつてはストーブ列車に使われていたが、近年ストーブ列車の利用者が減少しているため、オハ46　3は休車状態となり、津軽五所川原駅ホームに留置されている。このオハ46 3以外の２両が客車としてストーブ列車に使われ、車内にストーブ２基が取り付けられている。

オハ46形の室内。国鉄時代の近代化改造により、内装壁面が化粧板張りとされている。津鉄入線時にストーブとその煙突が取り付けられている。
1999.1.16　P：宮下洋一

国鉄オハ46 2662を譲り受けたオハ46 3。　1987.5.2　津軽五所川原　P：宮下洋一

西武の電車であったクハ1157を譲り受けた、1928(昭和3)年川崎車輌製のナハフ1202。　1982.3.4　津軽五所川原　P：宮下洋一

同様に西武クハ1158を譲り受けたナハフ1203。屋根の深い独特のスタイルは「川造型電車」として親しまれた(詳細はRM LIBRARY 269／270『川造型電車(上／下)』参照)。
津軽五所川原　P：鈴木　洋

●ナハフ1200形(1201～1203、02と03は休車中)

1928(昭和3)年・川崎車輌製の西武鉄道クハ1151形3両を1965(昭和40)年に譲り受けたもので、いわゆる「川崎造船所標準設計電車」をルーツとする車両。譲渡時に西武所沢車両工場で運転台・電装の撤去、貫通路整備、暖房装置のバス用ヒーターへの交換、窓枠のアルミサッシ化などが施工され、1965(昭和40)年7月にナハフ1201、同年8月に1202、同年9月に1203が使用開始、翌年には放送装置を新設している。

前身は西武鉄道のクハ604・606・607で、1940(昭和15)年にクハ1105・1107・1108に改番、さらに1948(昭和23)年にクハ1151形1155・1157・1158となり、その後西武多摩川線に1955(昭和30)年代の後半から入線して、2両編成(モハ+クハ)で活躍していたもの。津軽鉄道入りして、車内はロングシートのまま客車列車またはキハの増結用として使われてきたが、ナハフ1201は1995(平成7)年3月に廃車、残った2両は夏季のビール列車やイベント列車などに使われていた。現在、ナハフ1202と1203は津軽五所川原駅で休車として留置されている。

■車両竣工図表　形式ナハフ1200(1201～1203)　資料提供：津軽鉄道

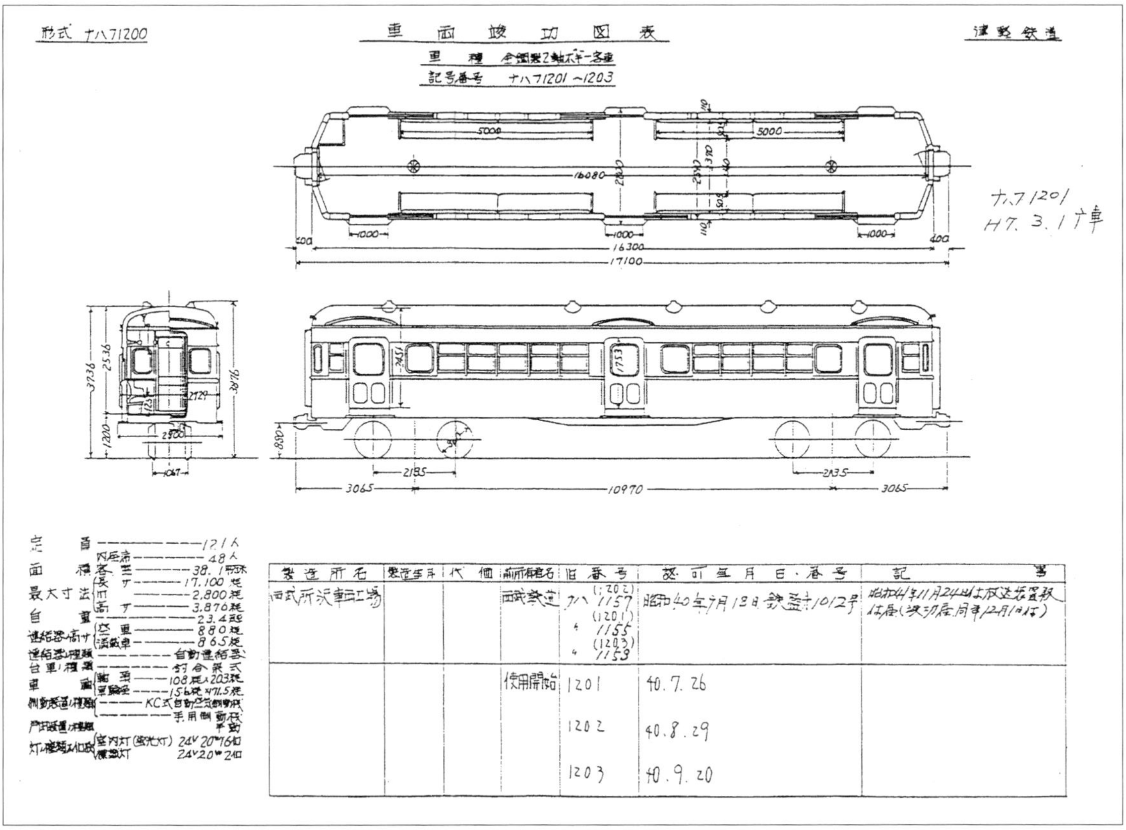

製造所名	製造年月	代価	前所有者名	旧番号	認可年月日・番号	記事
西武所沢車両工場			西武鉄道	クハ(1202)1157 (1201)〃1155 (1203)〃1158	昭和40年7月12日 鉄監1012号	昭和41年11月24日付放送装置取付届(設計認可同年12月1日付)
			使用開始	1201 1202 1203	40.7.26 40.8.29 40.9.20	

国鉄キ100形120を譲り受けた現役の除雪車キ101。最近は撮影ツアーとして運転されることも多い。
1976.1.1　津軽五所川原
P：鈴木　洋

●キ100形（101）

国鉄キ120（1933年12月、国鉄大宮工場製）を山形の米沢区より1967（昭和42）年12月に払下げを受けた大型ラッセル車で、従来のユキ１の代替として津軽鉄道入りした。大型ラッセル車は、東北の私鉄でも弘南鉄道に２両（弘南線・大鰐線に各１両）、廃止になった鉄道を含めると小坂鉄道に１両、羽後交通横荘線に１両が存在していた。弘南鉄道とのコラボレーションでラッセル車を題材とした黒い硬券を発売したこともある。

キ101はこのところ出場の機会も少なく、普段は五所川原機関区で休んでいるが、最近は「ラッセル車撮影ツアー」として運転されることがある。

キ101の反対側側面。形式称号の上に津鉄の社紋が取り付けられている。　1998.3.29　津軽五所川原　P：宮下洋一

■車両竣工図表　形式称号キ100（101）　資料提供：津軽鉄道

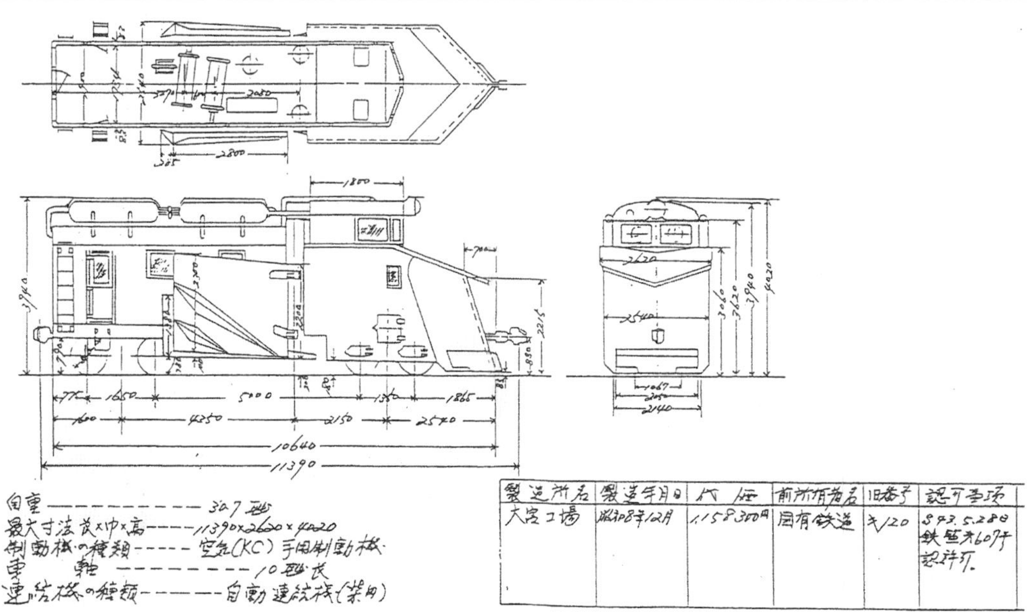

自重――――――――――307瓲
最大寸法 長×巾×高――――11390×2620×4020
制動機の種類――――空気（KC）手用制動機
車　軸――――――――10瓲長
連結器の種類――――――自動連結器（柴田）

製造所名	製造年月日	代価	前所有者名	旧番号	認可事項
大宮工場	昭和8年12月	1,158,300円	国有鉄道	キ120	S43.5.28日 鉄監第607号 認許可.

観音開きのアオリ戸を持つ1929(昭和4)年製のトム1形2。
1999.9.29　津軽五所川原
P：宮下洋一

●トム1形(1～3)

1929(昭和4)年日本車輌製の無蓋貨車で、開業時から使用されていた国内ではおそらく現存唯一の観音開きのアオリ戸を持つ貨車である。トム1～3のうち1は休車状態で、他の2両はいつもは津軽五所川原駅で留置中である。

トム2と同様の経歴を持つトム3。国鉄線乗り入れ可能車を示す2本帯が車号の下に引かれている。
1999.6　津軽五所川原　P：宮下洋一

■車両竣工図表　形式称号トム1(1～3)

資料提供：津軽鉄道

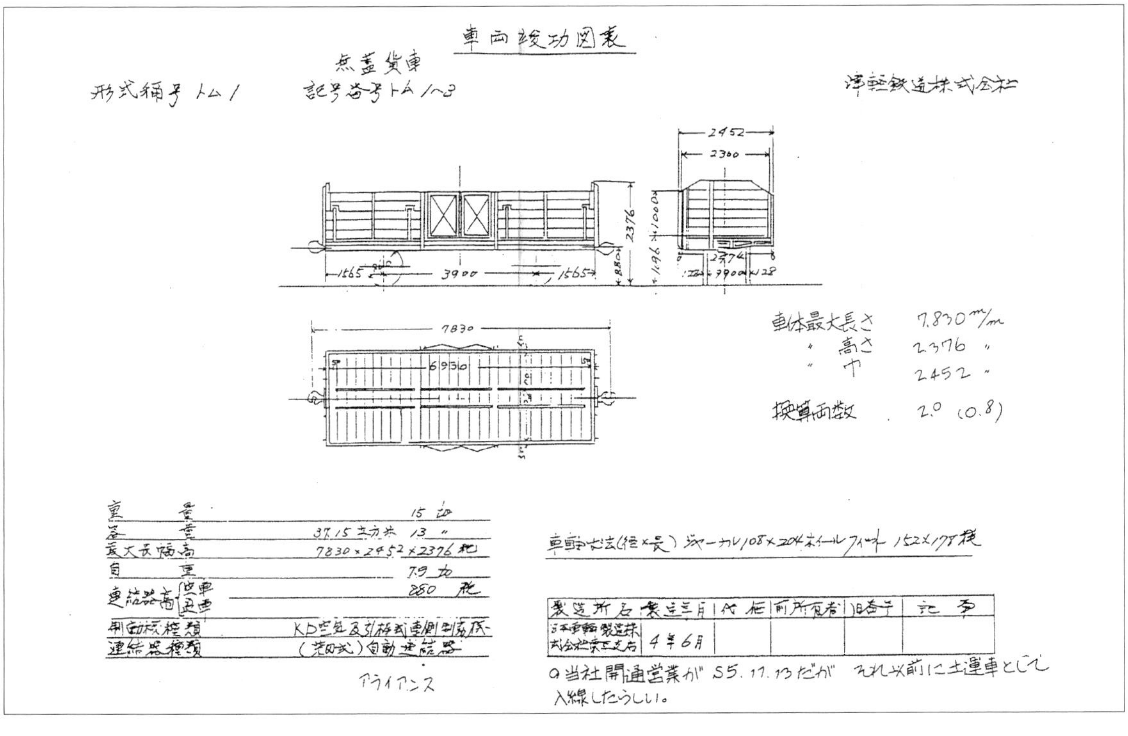

気動車運行のための燃料などの社内輸送用として、国鉄から譲り受けたタム500形501。　1997.8.25　津軽五所川原　P：広瀬晴一

●タム500形(501)

ローカル私鉄には大変珍しいタンク貨車で、国鉄の郡山にある日本石油輸送で使用していた旧タム2848(1956年日本車輌製)を1984(昭和59)年10月に譲受したものであり、津軽鉄道の貨車の中で最も新しい車両である。

津軽鉄道で燃料として使用される軽油はそれまでは国鉄五能線経由で輸送していたが、同線の貨物輸送廃止によりそれができなくなった。しかし当時の津軽五所川原駅周辺は道路事情が悪く、代わってトラックで津軽飯詰駅または嘉瀬駅まで輸送し、そこから五所川原機関区まで鉄道輸送を行うために同車を購入した。

月に２～３回は使用していたが、機関区周辺の道路事情が改善し、トラックでの直接輸送に切り替えたため、今では津軽五所川原駅の側線で休んでいる。

■車両竣工図表　形式称号タム500(501)

資料提供：津軽鉄道

車両竣工図表

形式称号　タム 500

車種　タンク貨車(四輪車)

記号番号　タム 501

津軽鉄道

昭和59年10月8日東北技才53号認可

昭和59年11月1日 津軽鉄道発才119号竣功届

当社入線　昭和58年10月9日

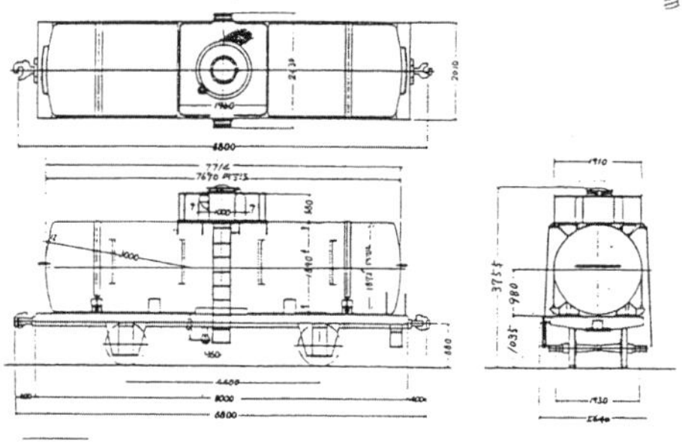

積載容積　21.1m^3

荷　重　15.0t

最大寸法 (長×巾×高) 8800mm×2640mm×3755mm

自　重　11.6t

連結器の高さ　空車 880mm

積車 845mm

制動機の種類　空気及び車側制動機

連結器の種類　自動連結器(柴田式上作用)

車軸　(径×長)

ジャーナル　120mm×210mm

ホイールフイット　175mm×180mm

製造所名	製造年月	代価	前所属会社名	旧番号	記事
日本車両	昭和31年	41万	日輸商事株式会社	タム2848	昭和59年11月1日 津鉄発才119号竣功届

旧在籍車輌

1930(昭和５)年の津軽鉄道開業当初より使用された蒸気機関車C35形C351。
1952.7　津軽五所川原
P所蔵：津軽鉄道
(撮影：中川浩一)

●C35形(35 1〜3)

1929(昭和４)年日立製作所で３両が製造され、1930年の開業時より使用されてきた蒸気機関車。1960(昭和35)年までに廃車されている。

●DC20形(DC201・202)

津軽鉄道初の内燃機関車として、1952(昭和27)年に箱形車体のDLが新潟鐵工所で２両製造された。廃車後は東野鉄道へ譲渡されている。

●キハ2400形(2401)

日本車輌製のボギー気動車で、1933(昭和８)年にキハ２として日本車輌で製造したもの。翌34年にエンジンをディーゼルからガソリン用に改造。晩年は客車代用とされ、1962(昭和37)年に廃車された。

●キハ2400形(2402・2403)

1950(昭和25)年 新潟鐵工所製のボギー気動車。戦後製ではあるが1970年代に解体された。

DC202。津軽鉄道初の内燃機関車として新潟鐵工所で製造された２両の箱型DLのうちの１両。10年余りで東野鉄道に譲渡された。 1961年　津軽五所川原　P所蔵：津軽鉄道(撮影：金沢二郎)

●キハ2400形(2404〜2406)

1931(昭和６)年日本車輌製のボギー気動車で、三岐鉄道より譲り受けたもの。1957〜58(昭和32〜33)年より使用開始されたものの、昭和40年代に廃車。2404は1967(昭和42)年に上武鉄道へ譲渡された。

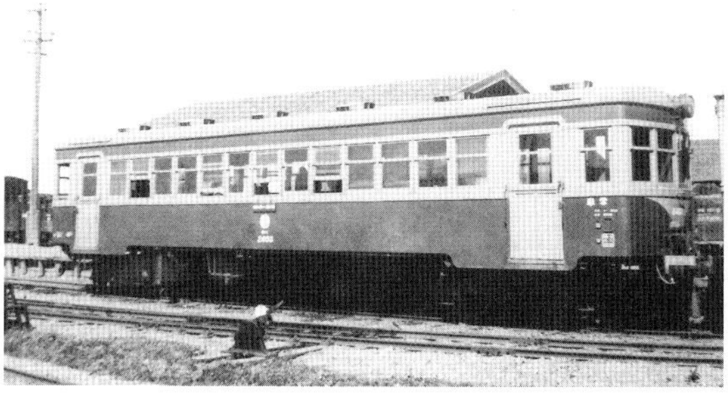

1950(昭和25)年新潟鐵工所製のキハ2400形2403。
1961年　津軽五所川原　P所蔵：津軽鉄道

キハ2400形2404〜2406は、三岐鉄道より1931(昭和６)年日本車輌製の荷台付気動車を1957〜58(昭和32〜33)年に譲り受けたもの。写真のキハ2404は、廃車後の1967(昭和42)年に上武鉄道に譲渡された。　1965.9.13　津軽五所川原　P：荻原二郎

■車両竣工図表　形式称号C35

資料提供：津軽鉄道

車輌竣工図表

形式稱號C35

番號C351,C352,C353

津軽鉄道

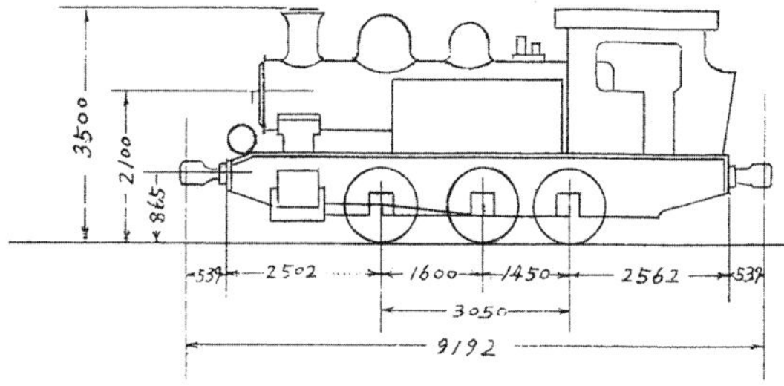

氣筒径及行程	360×510 粍	水槽容量	5.30 立方米
実用最高圧力	12.7瓩/平方糎	燃料槽容量	1.85 〃
火床面積	1.18 平方米	最大寸法(長×幅×高)	9.192×2595×3500
伝熱面積	66.51 〃	煙管(径×長×数)	45×2750×157
煙管	60.30 〃	車軸(径×長)	ジョーナル×ホヰールフイット
火室	6.15 〃	動輪軸	170×90×185×172
運転整備ノトキ機関車重量	35. 瓲	制動機ノ種類	空気及手用制動機
運転整備ノトキ動輪上ノ重量	〃 〃	連結器ノ種類	柴田式自動連結器
空車ノトキ機関車重量	27.44 〃		

製造所名	製造年月	代価	前所有者名	旧番号	記事
日立製作所	昭和四年三月				

■車両竣工図表　形式称号DC-20(DC-201)

資料提供：津軽鉄道

車両竣工図表

津軽鉄道株式会社

形式称号 DC～20

6輪連結ディーゼル機関車(除雪装置付)

番号 DC～201

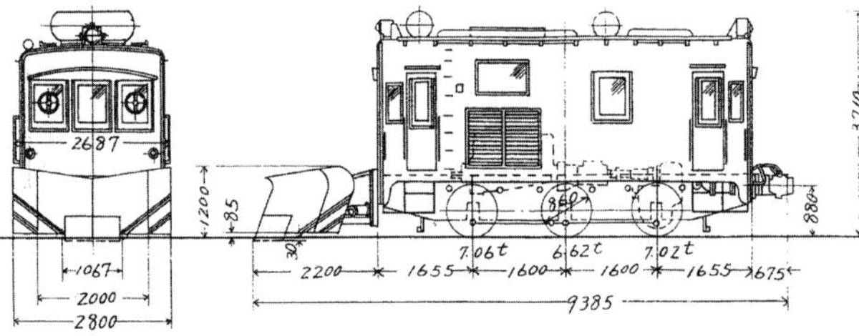

機関
- 型式 ――― ニイガタ高速ディーゼルLH8X型
- シリンダー数 ―――― 8
- シリンダ内径×行程 130×160
- 最高回転数及出力 2000 RPM　200 HP
- 標準回転数及出力 1500 R.P.M　1500 HP
- 発電機 24 V ――― 500 W
- 起動電動機 24 V ――― 6 HP 2台

クラッチ ――――――――― 乾燥多盤式

伝導比
- 第一段 ―――― 1：34.78
- 第二段 ―――― 1：19.50
- 第三段 ―――― 1：11.40
- 第四段 ―――― 1：6.39

燃料槽ノ容積 ――――――― 350ℓ

制動機ノ種類 ――――――― 空気及手用制動装置

連結器ノ種類 ――――――― 柴田式座付第二種

自重(運転整備時) ―――――― 20.70t(空車時 20t)

最大寸法(巾) ――――――― 2687(除雪翼ヲ開イタ場合 2800)

最大寸法(長×高) ―――――― 9385×3710

車軸(径×長) ―――――――― ジャーナル　ホイールフット
- 第一動軸 ――――――― 140φ×160　150φ×130
- 第二動軸 ――――――― 〃×〃　〃×〃
- 第三動軸 ――――――― 〃×〃　〃×〃

全負荷ノ時ニ於ケル
- 牽引力 ―――― 4500 kg
- 速度 ―――― 650 km/h

製造所名	製造年月	代価	前所有者	旧番号	記事
新潟鉄工所					

1966(昭和41) 年新潟鐵工所製のキハ2400形24023。同じキハ2400形でも、車号5桁のものは国鉄車に準じた設計または国鉄からの譲渡車である20m級車両となっている。
1971.10.10　津軽五所川原
P：荻原俊夫

●キハ2400形(24021～24024)

1962(昭和37) 年新潟鐵工所製、当時の国鉄型に準じた設計の新車で、津軽鉄道として主力で活躍、さらにキハ24023～24024は増備車として、1967(昭和42) 年新潟鐵工所製で製造された。国鉄20系気動車と類似し、違いはトイレがないことや側窓・通風器の形状くらいである。

キハ24023と同形車の24022室内。国鉄キハ20形と酷似しているが、排気管を収めたカバーが室内にないため見通しがよいのが特徴。　1971.10.10　津軽五所川原　P：荻原俊夫

●キハ2400形(24025・24026)

この2両は、1975(昭和50) 年に国鉄のキハ11形2両(11 31・11 32、いずれも1956(昭和31) 年8月東急車輛製) を千葉気動車区より払い下げを受け、新潟鐵工所で津軽鉄道用として寒冷地向けに改造、トイレの撤去、窓枠のアルミサッシ化を施して津軽鉄道ではキハ24025・24026となり、両運転台車ではあるものの2両固定編成になった。

車内はドア部分のみロングシートで、他はクロスシートであった。他の気動車とともに活躍、昭和50年代後半には国鉄ワムを1両連結して混合列車としても活躍していた。

キハ2400形(24025)。1956(昭和31) 年東急車輛製の国鉄キハ11形を1975(昭和50) 年に譲り受けたもの。
1987.5.2　P：宮下洋一

●キハ22形(22027～22029)

この3両は、1989(平成元) 年にJR東日本よりキハ22形22 156・22 169・22 228を譲り受けたもの。津鉄

キハ22形(22028ほか)。1962(昭和37) 年富士重工製の国鉄キハ22形を1989(平成元) 年に譲り受けたもの。22027と22028は全通前の秋田内陸縦貫鉄道に貸し出されていたことがある。
1989.10.4　津軽五所川原
P：鈴木　洋

片ボギー式の鋼製客車ハ12。日本車輌の銘板が見える。
1952.5　津軽五所川原駅　P所蔵：津軽鉄道(撮影：中川浩一)

２軸木造客車ハ５。荷物室が設置されているのが見える。
1952.7　津軽五所川原駅　P所蔵：津軽鉄道(撮影：中川浩一)

ではATS撤去、トイレ撤去、保安ブレーキを取り付け、津鉄カラーにして1989(平成元)年12月から営業運転を開始、後にワンマン運転のため車内を一部改造している。

３両のうち22027・22028の２両は、1986(昭和61)年から３年間、秋田内陸縦貫鉄道へ貸し出しされていて、その後津軽鉄道へ譲渡された経歴を持つ。津鉄では、津軽21形「走れメロス」が増備されるのに従い、順次廃車となったが、キハ22028はテレビ番組の企画でタレントの香取慎吾氏のデザインによるペインティングが施され、廃車後の現在も嘉瀬駅の貨物側線に留置され、観光客の注目を集めている。

●小型客車

津軽鉄道では、昭和５年の開業時から昭和30年代後半頃まで小型の２軸客車が活躍していたが、古い資料がなく正式なことはわからないので、両数と製造年を以下に記載する(ハフ１～４のみ手ブレーキ付)。

・ハフ１～４(４両)：1914～15(大正３～４)年製
・ハ１～４(４両)：1914(大正3)年製
・ハ５～８(４両)：1900(明治33)年製
・ハ９～11(３両)：1897(明治30)年製
・ハ12(１両)：1918(大正７)年製

●ホハ12000形(12001・12002)
●ナハフ14100形(14101・14102)

国鉄から1910～11(明治43～44)年製の木造客車３両を購入、ホハ12001・12002、ナハフ14101として1955(昭和30)年より使用を開始した。さらに弘前電鉄(現在の弘南鉄道大鰐線)から客車１両を購入、ナハフ14102として改造された。

車内には早速石炭ストーブが設置されたが、ダルマストーブではなかった。このボギー客車４両の入線により初代のストーブ列車となった小型客車の廃車が進み、蒸気機関車C351～353とともに1957～58(昭和32～33)年まで廃車となった。

しかしこれらの木造車両もオハ31形の入線により役目を失い、廃車となった。

ホハ12000形(12001)。1910～11(明治43～44)年製の木造客車を1955(昭和30)年に国鉄から譲り受けたもの。活躍は10年程度であった。
1962.5.4　津軽五所川原
P所蔵：鈴木　洋

ナハフ14100形(14101)。ホハ12000形と同様、1910～11年製の木造客車を1955年に国鉄から譲り受けたもの。
1965.9.13　津軽五所川原
P：荻原二郎

オハ31形(31 1)。1927(昭和2)年製の国鉄オハ31形を1961(昭和36)年に譲り受けたもの。この31 1は一旦芦野公園駅前に保存された後、整備のうえ大宮の鉄道博物館に保存されている。
1971.10.10　津軽五所川原
P：荻原俊夫

20m級客車３両の入線に伴い廃車目前のオハ31 2。
1983.11.3　津軽五所川原　P：鈴木　洋

オハ31形の室内。国内のダブルルーフ客車としてはかなり晩年まで使用された車両である。
1971.10.10　津軽五所川原　P：荻原俊夫

●オハ31形(31 1・31 2・31 3)

三代目のストーブ列車として、国鉄からオハ31形３両(31 26・31 51・31 75)を購入、津軽鉄道オハ31 1～3に改番のうえ1961(昭和36)年から使用開始した。この３両は1927(昭和２)年、汽車・川車製の鋼製ダブルルーフ客車で、車内には冬季、石炭ストーブが設置されていた。

1983(昭和58)年11月まで約20年間活躍ののち、オハ31 1は芦野公園駅ホームの反対側に保存されていたが、その後大宮の鉄道博物館へ輸送され、外観は国鉄時代の姿に復元されて正式保存されている。

●ワム１形(３・５)

いずれも廃車後に倉庫代用として使用されている。３は金木駅に、５は津軽五所川原駅にそれぞれ留置され、５は石炭の貯蔵用に使われている。

ワム３(廃車体)。金木駅の留置線跡で倉庫代用となっている。
2002.6.25　金木　P：広瀬晴一

ワム５(廃車体)。除籍後も津軽五所川原に留置されており、ホーム側には沿線案内の看板が掲げられている。
1997.8.25　P：広瀬晴一

■歴代車両一覧表　1988(昭和63)年現在

津軽鉄道提供の資料を基に作成

種別	記号 番号	両数	当社使用開始	前所有者	製造年月	製造所名	廃車・譲渡年月及び譲渡先等	備考
蒸気機関車	C351	3	昭5. 7月		昭4. 3月	日立	C351:昭27年に日曹に譲渡	
	C352						C352:昭35年2月 大館に廻送解体	
	C353						C353:昭28年4月 日曹に譲渡	
四輪客車	ハ1～12	12	開業時	武蔵野鉄道等	明30年～大正初期	大日本鉄道(株) 新潟鐵工所 天野工場	昭30～32年の間に廃車 現地にて解体	ハフ1～4は手ブレーキ付　他は手ブレーキなし (ハ9～11は戦後2等車として使用されたとのこと)
	ハフ1～4	4						
無蓋貨車	トム1～15	15	昭4. 6. 4		昭4. 6月	日本車輌	昭28～48年の間に12両廃車 現地にて解体	残り3両現有
	トム16～20	5	昭23～24年	旧国鉄	不明	不明	昭35年に廃車 現地にて解体	
	ト1～10	10						
有蓋貨車	ワム1～7	7	昭4. 6. 4		昭4. 6月	日本車輌	昭28～48年の間に8両廃車 現地にて解体(ワ5両・ワフ3両)	
	ワフ1～3	3	昭4. 6. 4		不明			
内燃動車(ガソリンカー)	キハ1(ハ5)	1	昭7. 3		昭7. 4	日本車輌	昭35. 5月 廃車 現地解体	片ボギー車　戦後客車代用として使用す。手用ブレーキのみ
	キハ2(キハ2401)	1	昭9. 4. 24		昭8. 4	日本車輌	昭37. 5月 現地解体	2軸ボギー車　解体時は客車代用として使用されていた。 昭8年4月購入したがヂーゼルエンヂン付・高音振動であったのでガソリンエンヂンに置換改造して使用したのが9年4月 エヤー直通ブレーキ付　24年頃より客車に　ブレーキ廻り改造
雪かき車	キ1(木製)	1	開業時		昭5. 6	日本車輌	昭43. 3月 現地解体	昭43. 5月に鋼製キ101が入る(現有)(19.13t旧木製の自重)
木製ボギー客車	ホハ12001	4	昭30. 2	旧国鉄	明43～44	日本車輌 大宮工場	昭40. 3月　廃車 現地解体	ナハフ14102は弘電で当時入手したものを30. 8に当社で譲受す (車輪4対持込みで)
	ホハ12002							
	ナハフ14101						昭40. 9月　廃車 現地解体	
	ナハフ14102		昭30. 8				昭40. 2月　廃車 現地解体	
内燃動車(ヂーゼル)	キハ2402	5	昭25. 11		昭25. 11	新潟鉄工所	昭46. 7月　廃車 現地解体	DA55(日野)エンヂン
	キハ2403						昭51. 1月　廃車 現地解体	
	キハ2404		昭32. 7	三岐鉄道	昭6	日本車輌	昭42 上武鉄道に譲渡	DA54(日野)エンヂン
	キハ2405		昭33. 7				昭44. 5月　廃車 現地解体	
	キハ2406		昭33. 12				昭43. 5月　廃車 現地解体	
内燃機関車	DC201	2	昭27. 3		昭27. 3	新潟鉄工所	昭39. 12月　東野鉄道に譲渡	どちらかの1両は西武にて改造 千葉ノダ醤油にて使用された
	DC202						昭36. 5月　東野鉄道に譲渡	
鋼製ボギー客車	オハ311	3	昭36. 11	旧国鉄 オハ31 26	昭2. 11	汽車会社	昭58. 11. 21 廃車	311は永久保存　長さ17000 巾2900 高3925 定員80名 他の2両は現地解体
	オハ312			旧国鉄 オハ31 51		日本車輌		
	オハ313			旧国鉄 オハ31 75		日本車輌		
内燃動車(ヂーゼル)	キハ24025	2	昭51. 2. 19	旧国鉄 キハ11 31	昭31. 8～	東急車輌	平2年1月30日廃車	津軽中里駅に留置　後日1両金木にて解体す
	キハ24026		昭51. 3. 1	旧国鉄 キハ11 32				

※キハ22027～22029は津軽21形「走れメロス」が1996(平成8)年に入線するまで活躍していた。

■車両型式別諸元表　1997(平成９)年４月現在

資料提供：津軽鉄道

項目＼車種・両数		内燃（ディーゼル）機関車2		内燃（ディーゼル）動車　7			客　車　5			貨　車　5		
記号番号		DD 351	DD 352	キハ 24022 24023	キハ 22027 22028 22029	津軽 21 101 102	ナハフ 1202 1203	オハフ 331	オハ 462 463	トム 1 2 3	キ 101	タム 501
製造年月		昭 32.12	昭 34.11	昭 37.1 41.4	昭 37 37 38	平 8.11	大 14	昭 23	昭和 29.11 30.4	昭 4.6	昭 8.12	昭 31
製造所名		新潟鉄工所	新潟鉄工所	新潟鉄工所	富士重工	新潟鉄工所	川崎車両	新潟鉄工所	日立製作所 川崎車両	日本車両	大宮工場	日本車両
認可年月日		鉄監第141号 33. 2.21	第828号 35. 8.24	第378号37. 4.24 第552号41. 6. 7	第231号 元.12. 8	第222号 平 8.8.27	第1012号 40. 9.18	第 90号 58.10.14	第 90号 58.10.14	第1775号 4. 6. 4	第607号 43. 5.28	第 53号 59.10. 8
機関	機関の呼称	DMH 17C	6L 13AS	DMH 17C	DMH 17C	DMF13HZ形						
	シリンダ数	8	6	8	8	6						
	馬力	180×2	220×2	180	180	300						
	シリンダ径×ストロークm/m	130×160	130×160	130×160	130×160	130×160						
	行程容積（総)	16.98ℓ	12. 7ℓ	16.98ℓ	16.98ℓ	12.74ℓ						
	点火順序	15738426	142635	15738426	15738426	142635						
	圧縮比	18.6	15.7	18.6	18.6	15.7						
	始動電動機	24V7HP×2	24V11kw	24V7HP×2	24V7HP×2	24V DC11kw						
	発電機	24V 1kw	24V 25A	24V1.3kw	24V1.3kw	DM600K						
車体最大長さ m/m		10,950	10,950	20, 000	20,000	18,000	17,100	20,000	20,000	7,830	11,390	8,800
車体最大高さ m/m		3, 519 (3,900)	3, 519 (3,900)	3,820(4,000) 3,850(4,000)	3, 925 (4,000)	4,056	3,876	4,020	4,020	2,376	4,020	3,755
車体最大巾 m/m		2, 676	2, 676	2, 928	2, 928	2, 828	2, 800	2, 900	2, 900	2, 452	2, 620	2, 640
車体自重 t		35.00	35.00	31.00 31.50	32.50	29.70	23.40	32.50	32.50 31.80	7.90	30.70	11.6
定員又は荷重				124（座68 立56)	81（座71 立10)	121（座59 立62)	121	80	88	15 t		15t 21.13
換算両数		3.5	3.5	4.0	4.0	4.0	3.0	4.0	4.0	2 0(0.8)	4.0	2.6(1.2)
連結器の種類		座付 柴田式	座付 柴田式	NCB2 密着式小型自動連結器	NCB2 密着式小型自動連結器	密着式小形	柴田式 ㊦	柴田式 ㊦	柴田式 ㊦	2 柴田式 1.3ライアンス	シャロン 柴田式	柴田式
空気ブレーキの方式		EL-14A	EL-14A	GPS	DA1A	ME23-C	KC	AV	AV	KC	KC	KD
制御弁の種類		14番分配弁	14番分配弁	P-2	A動作弁	E制御弁	K-2	A動作弁	A動作弁	K-1	K-1	K-1
圧縮機の種類		C-600×2	C-600×2	C-600	C-600	C-600						
動力伝達装置		新潟コンバーター DFN 115	新潟コンバーター DFN 115	新潟コンバーターD F 115 新潟コンバーター-DBF 115	新潟コンバーター DF 115	新潟コンバーター TACM-22-1606						
逆転機の減速比		1.59 4.08 計 6.49	1.59 4.08 計 6.49	34.89	29.76	4.33 , 3.035						
燃料槽の容量		600ℓ	600ℓ	400ℓ	550ℓ	530ℓ						
台車の種類		鋼板リベット組立式	鋼板リベット組立式	鋼板プレス溶接DT22	鋼板プレス溶接DT22	鋼板プレス溶接 NP126D, 126T	鋳鋼組立式	TR34	TR47		菱枠型	
ジャーナル ホイール フィット m/m		180X189 160X190 185X165 165X165	180X189 160X190 185X165 165X165	110X180 167X182 110X175 175X170		110×204 168×155	108×203 156×171.5	110×197 175×180	110×197 175×180	108×204 152×178	108×204 166×178	120×210 175×180
旧番					JR旧番 22156 22169 22228		旧番 クハ1155 クハ1157 クハ1158	国鉄旧番 オハフ 332520	国鉄旧番 オハ462612 462662		国鉄旧番 キ 120	タム 2848
形式		DD 350	DD 350	キハ2400	キハ 22	津軽21	ナハフ1200	オハフ33	オハ 46	トム 1	キ 100	タム 500
保安装置		列車無線	列車無線	列車無線・保安ブレーキ	列車無線・保安ブレーキ	列車無線・保安ブレーキ						

おわりに

クルマ社会の進展により、全国的にローカル私鉄の利用者が減少しています。津軽鉄道もその例に違わず、東北鉄道協会の会長も務める津鉄の澤田長二郎社長も困っています。津軽鉄道の駅に貼られるポスターに、「津軽鉄道はまだ大丈夫　そう思っていませんか？」のタイトルとともに、以下の文面が掲示されています。

「津軽鉄道ではレール・オーナーを募集しています。
建物・設備・車両維持にかかる高額な費用や
乗客数の減少による赤字経営が続いており、
津軽鉄道は危機に瀕しています。
長年地域の交通機関、観光資源として愛された
津軽鉄道に皆様の力をお貸しください。…」

津軽はいいところです。ぜひ皆様に行っていただき、津軽鉄道に乗車していただきたいと思います。

本稿の執筆にあたり、長年津軽鉄道についてを教えていただいた元機関区長の高橋 澄さんに感謝いたします。また、本社の渋谷房子さん、本社車両課の館山課長さん、同じく本社総務課の白鳥課長さん、総務課の山本夏美さんなどの皆様から格別のご配慮を賜りました。末筆ながら記して厚くお礼申し上げます。また、本文中の写真などを提供いただいた皆様にも感謝いたします。

鈴木　洋（京王鉄道友の会）

ストーブ列車をモチーフとしたテレフォンカード。
所蔵：鈴木　洋

交換可能であった津軽飯詰駅での客車列車同士の行き違い。左はオハ31形で右は見えにくいがホハ12000形などの木造客車が停車中である。
1965.9.13　P：荻原二郎